FASHION
DESIGN KURS

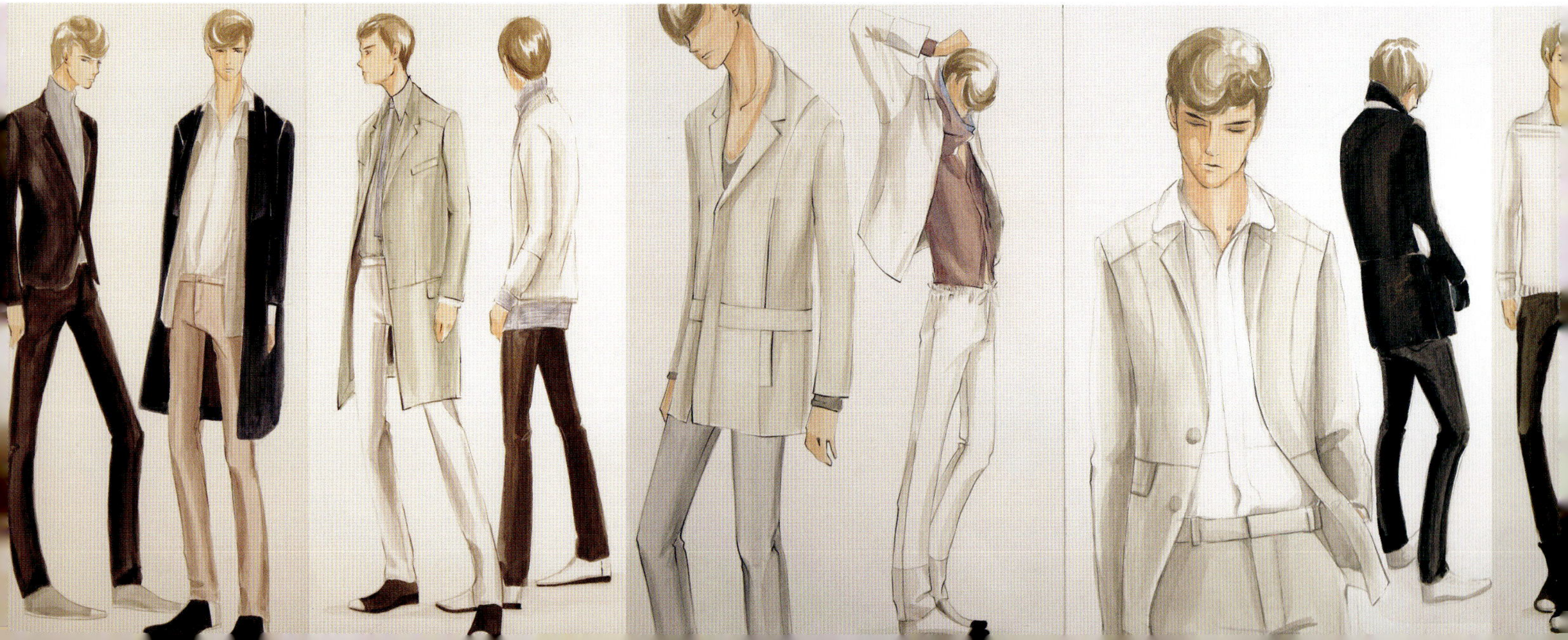

stiebner

Steven Faerm

FASHION
DESIGN KURS

Konzept, Produktion und Veröffentlichung
des Titels „Fashion Design Course":
Quarto Publishing plc, London
Text © 2010 Steven Faerm

Übersetzung aus dem Englischen: Eva Plorin
Satz und Redaktion der deutschen Ausgabe:
Gisela Witt für bookwise GmbH, München

Bibliografische Information der Deutschen Nationalbibliothek
Die Deutsche Nationalbibliothek verzeichnet diese Publikation
in der Deutschen Nationalbibliografie; detaillierte bibliografische
Daten sind im Internet über http://dnb.d–nb.de abrufbar.

Übersetzung © 2010 Stiebner Verlag GmbH, München
Alle Rechte vorbehalten. Wiedergabe, auch auszugsweise,
nur mit ausdrücklicher Genehmigung des Verlages.

www.stiebner.com

ISBN 978-3-8307-0866-7

Printed in China

Inhalt

KAPITEL 1: EINFÜHRUNG	**6**
Der Modedesigner	8
Geschichte der Mode:	
Lebensstil und kultureller Wandel	12
Bedeutende Modedesigner	14
Wichtige Marktsegmente	22
Modesaisons	25
Kundenprofile: Lebensstil	26
Werbung analysieren	28
KAPITEL 2: DESIGN – GRUNDLAGEN	**30**
Recherche	32
Gestalterische Erwägungen	36
Einflüsse auf das Modedesign	40
Farbe	48
Stoffe und Fasern	58

Maschenwaren	64
Die Stoffpalette	68
Die Silhouette	72
Der Aufbau der Kollektion	74

KAPITEL 3: DER DESIGNPROZESS — **76**

Moodboards	78
Schnittdetails und Silhouetten	80
Das Skizzenbuch	86
Die Kollektion zusammenstellen	90

KAPITEL 4: ÜBUNGEN — **94**

Feldstudien	96
Architektur	98
Historische Personen	100
Ethnische Bezüge	102
Gegensätze	104
Rollentausch	106
Natur	108
3-D/2-D	110
Von Makro zu Mikro	112
Der Laufsteg	114
Mode im Wandel	116
Polaritäten	118
Eine Inspiration für alle	120
Accessoires	122

KAPITEL 5: DIE BERUFSWELT — **124**

Berufsfelder	125
Der Lebenslauf	126
Das Vorstellungsgespräch	127
Präsentation der Mappe	128
Interview: Studium	132
Interview: Erste Schritte	134
Interview: Der Blickwinkel der Industrie	136
Nützliche Dinge	138
Register	141
Danksagung und Bildnachweis	144

KAPITEL 1

Einführung

Um Erfolg zu haben, muss ein Modedesigner eine Vielzahl an Grundprinzipien kennen. Dieses Buch stellt unterschiedliche Designmethoden und die Vorgehensweise beim Aufbau einer umfangreichen und nützlichen Inspirationssammlung vor. Es zeigt, wie man Inspirationen im Entwurfsprozess umsetzt, wie die Aussage eines Designers durch Materialien und Farbprinzipien betont werden kann und wie man seine eigene Vision findet. Wer diese Aspekte verinnerlicht hat, kann seine Kreativität besser entfalten und erlangt ein solides Verständnis von gutem Design.

▽ **Positiver Raum erzeugt negativen Zwischenraum**
Die Komposition der Figuren, der gezielte Einsatz von Farbe und das Spiel mit negativen Formen verleihen dieser Präsentation Dynamik. Stimmung und Posen vermitteln einen überzeugenden Eindruck von der Kollektion.

▷ **Töne und Texturen** Diese sorgfältig abgestimmte Farbpalette unterstreicht die Bedeutung von Textur für die Sportswear-Winterkollektion. Grafische Druckmuster bilden einen Kontrapunkt zu den organischen Formen und unterschiedlichen Texturen.

▽▽ **Detailorientiertes Design**
Form, Textur und Proportion sind entscheidend im Design. So kann sogar ein kleines Taschendetail ein einfaches Kleidungsstück aufwerten.

▽ **Technische Grundlagen**
Beherrscht ein Designer die Grundprinzipien der Schnittkonstruktion, kann er mit den Konventionen brechen, wie diese innovative Kollektion belegt.

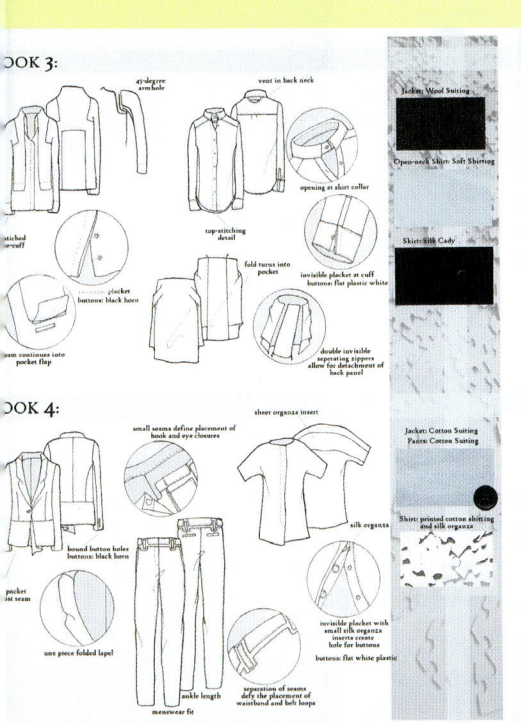

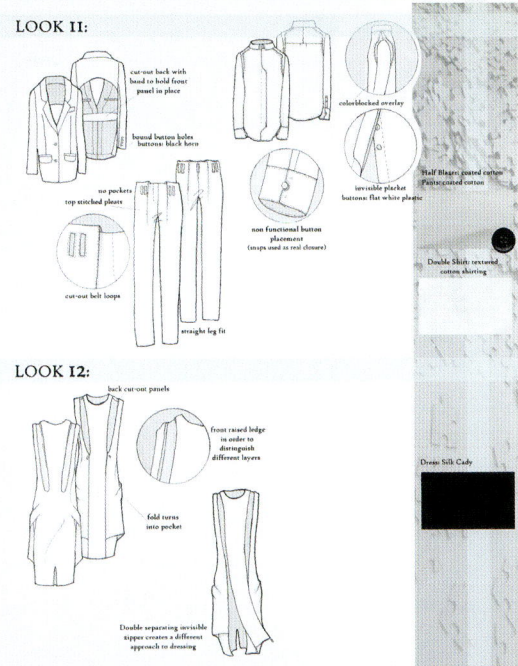

Durch die Präsentation der Geschichte der Mode und deren wichtigsten Vertretern soll ein umfassendes Verständnis für die Entwicklungen und entscheidenden Wendepunkte in der Mode geschaffen werden. Auch die Themen Branding und Zielgruppe werden vorgestellt: Sie erfahren, wie Kollektionen im Hinblick auf ein bestimmtes Zielpublikum entwickelt werden und dadurch richtungweisende Produkte und Label entstehen.

Im Vordergrund dieses Buchs stehen die wesentlichen Designprinzipien, die eine solide Arbeitsgrundlage schaffen, sowie die wichtigsten Fachbegriffe und Entwurfsprozesse. Im Rahmen von ambitionierten Übungen werden unterschiedliche Ansätze für die gestalterische Arbeit vorgestellt. Die unablässige Auseinandersetzung mit neuen Designmethoden verhilft Ihnen zu Vielseitigkeit und verschafft Ihnen das Rüstzeug, um Ihre Kreativität optimal entfalten zu können.

Darüber hinaus liefert das Buch umfassende Informationen zur Vorbereitung auf das Berufsleben – von der Mappenpräsentation über das Verfassen eines optimalen Lebenslaufs bis hin zu Tipps für das Vorstellungsgespräch – und stellt die zahlreichen Einstiegsmöglichkeiten vor, um in der Modeindustrie praktische Erfahrungen zu sammeln.

Durch Interviews mit führenden Persönlichkeiten erhalten Sie Einblick in die Modeindustrie und in den Arbeitsalltag des Modedesigners. Dabei erfahren Sie, wodurch sich herausragendes Design definiert und wie man sich in unserer schnelllebigen Zeit auf eine Zukunft als Designer vorbereitet.

LEKTION 1
Der Modedesigner

Wie definiert man gutes Modedesign? Wie gelingt es Designern, Kreationen zu erschaffen, die Verlangen wecken, eine Weiterentwicklung des Modedesigns darstellen und letztlich sogar unsere Kultur prägen?

▽ **Klares Design** Erfolgreiche Mode bringt die Botschaft des Designers deutlich zum Ausdruck. Diese Kollektion wurde inspiriert von den Handbewegungen bei einer Massage: Formen und Materialien sollen die Vorstellung von Bewegung und Druck vermitteln.

Jeder Modeschöpfer folgt einem individuellen Designprozess, jedoch basieren alle Vorgänge auf bestimmten Grundprinzipien des Modedesigns. Als kreative Geister mit einer unstillbaren Neugier auf kulturelle und gesellschaftliche Ereignisse können Designer oft mit einer Art sechstem Sinn erahnen, was die Menschen in der kommenden Saison tragen möchten. Sie besitzen feine Antennen für kulturelle, gesellschaftliche, politische und wirtschaftliche Veränderungen und sind in der Lage, die Populärkultur wie ein Anthropologe zu analysieren.

Leitgedanken für die Entwicklung eines eigenen Standpunkts

- **Fokussierung** Ein klarer Standpunkt ist entscheidend. Manchmal ist nicht unbedingt das Design an sich neu, sondern das Umfeld, in dem es eingebettet ist.
- **Vielseitigkeit** Die Modeindustrie verlangt nach Designern, deren Kreationen aktuell sind und den Geschmack der Zeit treffen und die Lebensstil und Wünsche ihrer Kunden verstehen.
- **Der Spagat** Behalten Sie einerseits den Markt im Auge und andererseits Ihre Identität als Künstler. Ein Designer arbeitet nicht für sich allein, er muss wissen, in welche Richtung sich der Markt unter Umständen bewegt. Trotzdem muss er stets seiner eigenen Sprache treu bleiben, damit ihm seine Kunden die Treue halten.
- **Ausbau von Fachwissen** Wenn Sie über ein umfassendes Wissen und Vokabular zum Thema Design verfügen, haben Sie die Freiheit, die jeweils bestgeeignete Technik für das Lösen von Problemen anzuwenden. Denn Design ist mitunter genau das: Problemlösung.
- **Mit neuen Technologien Schritt halten** Neue Materialien und Herstellungsmethoden werden oft für ganz andere Zwecke entwickelt, bevor die Modeindustrie sie sich aneignet, um sie innovativ im Modedesign umzusetzen.
- **Verständnis für Relevanz** Sorgen Sie mit Bezügen zu Geschichte, Kultur, Gesellschaft, Politik und Wirtschaft für ein Höchstmaß an Aussagekraft und Kontext in Ihren Arbeiten.
- **Trainieren der Kreativität** Erkunden Sie unterschiedliche Methoden zur Entwicklung einer Kollektion, verschiedene Inspirationen, Materialien, Kontexte und Verwendungsmöglichkeiten, ja sogar Kundenparameter.
- **Die unverfälschte Vision** Erschaffen Sie eigenständige Kreationen, die sich nicht an Entwürfen anderer Designer anlehnen. Streben Sie stets danach, Innovation und neue Botschaften anzubieten.

Die Fähigkeit, diese Erkenntnisse zu verknüpfen, ermöglicht es Designern, bewusst oder instinktiv vorherzusehen, welche Farben in der kommenden Saison favorisiert, welche Silhouette und welche Stimmung vorherrschen werden, was die Menschen von der Mode erwarten, was ihre Entscheidungen beeinflussen wird und welches Konsumverhalten sie an den Tag legen werden.

Erfolgreiche Modeschöpfer behalten ihre Zielgruppe stets im Blick, verändern jedoch ihren Ansatz von Saison zu Saison auf subtile Weise, um auf der Höhe der aktuellen Trends und des kulturellen Klimas zu bleiben. Es sind immer die Kunden und ihr Lebensstil, die die Ausrichtung einer Kollektion bestimmen.

Was ist Mode? Was ist Kleidung?
Mode und Kleidung scheinen ein und dieselbe Sache zu bezeichnen, doch tatsächlich liegen Welten dazwischen. Es ist wesentlich, dass Sie diese beiden Begriffe unterscheiden können, damit Ihre Konzepte einzigartig sind und Ihre Vision zum Ausdruck bringen. Das soll Sie in Ihrer kreativen Entwicklung voranbringen, sodass Sie vielleicht sogar allgemeingültige Auffassungen von Modedesign infrage stellen.

△ **Interpretation von Inspirationen** Inspirationen können angedeutet oder konkret umgesetzt werden, wie in diesem Beispiel, das russische Motive zeigt. Die moderne Silhouette wurde mit gut recherchierten historischen Mustern kombiniert.

△ **Charakterstudie** Die Konzentration auf die Kundin verleiht diesen Entwürfen einen starken Charakter: Farben, Stoffe, Verarbeitung und Zielmarkt vereinen sich zu einer gelungenen Synthese.

Mode ist

richtungweisend
Fantasie
visionär
aussagekräftig
kontextbezogen
unverfälscht
von einer Botschaft getragen
innovativ
herausfordernd
neu
einzigartig
erzählend
künstlerisch
der Weiterentwicklung
 von Design gewidmet

Kleidung ist

ohne Identität
gleichförmig
allgemein
undefiniert
eintönig
gewöhnlich
zusammenhanglos
banal
„ein Produkt"
gefiltert
nichtssagend
unspezifisch

Die Arbeit des Modedesigners

Es gibt eine Reihe von Aufgaben, mit denen sich die meisten Designer regelmäßig beschäftigen. Auch wenn sie dabei nicht unbedingt selbst mit der Ausführung befasst sind, so besteht zumindest eine ihrer Aufgaben aus deren Überwachung.

Ein Modeschöpfer ist letztlich für jeden Aspekt seiner Kollektion verantwortlich, von der Inspiration über das Design bis zur Fertigung. Selbst wenn er von einem Team unterstützt wird – das aus Designassistenten, Mitarbeitern für die Planung und Entwicklung von Stoffen, Modellmachern, Fachleuten für Computerdesign oder Textiltechnikern bestehen kann –, muss er als Ansprechpartner stets präsent sein, den Terminplan im Auge behalten und seine Mitarbeiter im Designroom entsprechend anleiten und führen.

HAUPTAUFGABEN

- **Recherche** Definieren einer Stimmung und das Sammeln von Vorlagen für Kollektionen.
- **Trends verfolgen** Beobachten von Trends, die die Mode direkt oder indirekt beeinflussen.
- **Erstellung von Mood- bzw. Konzeptboards** Das Aufbereiten der Rechercheergebnisse, um Händlern und Redakteuren die Ausrichtung der Kollektion vorzustellen.
- **Stoffauswahl** Der Besuch nationaler und internationaler Stoffmessen. Aufbau von Kontakten zu Stofflieferanten, um Stoffmuster und Meterware zu ordern.
- **Aneignung von Fachwissen über Stoffe** Der Designer muss Eigenschaften von Stoffen wie Fall, Textur und Optik beurteilen können sowie deren Kosten, Verarbeitungsmöglichkeiten und Mindestbestellmengen kennen.

△△ **Ideenentwicklung**
Ein Skizzenbuch ist die Basis für die Arbeit eines Designers: Darin lassen sich Konzepte, Variationen und vermarktungsfähige Kollektionen festhalten.

△ **Eine Nische finden**
Heute gibt es verschiedenste Designkategorien, weil Designer sich auf sehr spezifische Märkte konzentrieren; Matthew Williamson ist ein gutes Beispiel dafür.

▷ **Der Blick für Details**
Äußerste Genauigkeit ist ein Muss: Die Passform eines Kleidungsstücks, die Proportionen der Details und Designbezüge müssen klar definiert sein.

LEKTION 1 DER MODEDESIGNER 11

- **Koordinierung des Designprozesses** Zusammenarbeit mit Druckateliers oder hausinternen Designteams für die Entwicklung von textilen Dessins, Grafiken oder Farbkombinationen.
- **Qualitätsüberwachung** Entwicklung von Farbstandards für Meterware und Kontrolle von Probefärbungen.
- **Entwicklung der Kollektion** Entwürfe, Silhouetten und Looks müssen durch Zeichnungen konkretisiert werden, die Modellschneider, Merchandiser, Fachleute aus der Fertigung etc. mühelos deuten können.
- **Entwicklung von Erstmodellen** Der Designer arbeitet mit dem hausinternen Musteratelier zusammen und entwickelt mit diesem den Musterschnitt oder/und drapiert die Kleidungsstücke.
- **Auswahl von Zierelementen** Diese werden gegebenenfalls selbst entworfen, passend zu den Kreationen.
- **Erstellung von Merchandising-Plänen**
- **Vermittlung von Detailinformationen** In Datenblättern mit detaillierten Maßangaben werden mithilfe von kommentierten Zeichnungen sämtliche Konstruktionsaspekte und Details genau beschrieben.
- **Präsenz bei den Anproben** Probleme hinsichtlich Passform und optischer Wirkung müssen schnell und präzise gelöst werden.
- **Austausch mit der Fertigung** Besuch von Fertigungsbetrieben, um die Einhaltung der Qualitätsstandards zu überwachen. Auch technische Neuerungen können zu Entwürfen inspirieren.
- **Qualitätskontrolle** Erstmodelle, Erstmuster und Stücke aus der laufenden Fertigung werden mit den Spezifikationen verglichen.
- **Kostenkalkulationen** Ein Designer muss die Marktpreise für Materialien kennen und Grundlegendes zu Margen (Handelsspannen) und Rentabilität wissen.
- **Präsentation der Kollektion** Der Designer stellt die Entwürfe Vertriebsteams, Händlern und Medienvertretern vor.

Spezifikationszeichnungen stellen einen Entwurf exakt dar.

Präzise Maßangaben gewährleisten die Erstellung genauer Schnittmuster und Nesselmodelle.

Am Nesselmodell werden Proportionen, Passform und Schnitt überprüft.

Detaillierte Strickmuster und Materialangaben für die Fertigung

Designarbeit ist vielfältig Design ist mehr als die Produktion von Ideen. Vom Entwickeln mit dem Skizzenbuch über die Feinabstimmung der Looks bis hin zur technischen Arbeitsphase, in der die Entwürfe geprüft und verbessert werden, setzt sich ein Designer unablässig kritisch mit seiner Vision der Kollektion auseinander.

LEKTION 2
Geschichte der Mode:
Lebensstil und kultureller Wandel

Mode kann man als Fingerabdruck einer Gesellschaft ansehen, der eine bestimmte Epoche definiert. Sie ist der Seismograf unserer Kultur.

Mode erfasst Einstellungen, Sitten und Strömungen in einer Gesellschaft, zeigt den wirtschaftlichen Status und bringt „Clans" hervor. Kleidung sagt sehr viel über einen Menschen und seine Gruppenzugehörigkeit aus. Von den beengenden Humpelröcken des frühen 20. Jahrhunderts über die von Stoffknappheit geprägte Kleidung während des Zweiten Weltkriegs bis zur Liberalisierung durch die Subkultur in den 1960er-Jahren und dem Luxus der 1980er-Jahre spiegelten sich in der Mode stets die jeweiligen gesellschaftlichen Kräfte wider.

▽ **Aus gutem Hause** Im frühen 20. Jahrhundert gab die Garderobe Auskunft über den sozialen Stand. Die gut situierte Gesellschaftsschicht trug Kleidung, die sich nur mit fremder Hilfe anlegen ließ und die Bewegungsfreiheit einschränkte.

Historische Anfänge

Im 19. Jahrhundert war Bekleidung immer noch eine eher „häusliche" Angelegenheit: Schneiderinnen arbeiteten für ihre vorwiegend wohlhabenden Kunden, doch ein großer Teil der Bevölkerung nähte seine Kleidung selbst. Schnittmuster konnten nun per Post bestellt werden. Bekleidung blieb jedoch ein wesentliches Standesmerkmal, und in früheren Jahrhunderten wollte man sogar durch den Erlass von Gesetzen verhindern, dass die unteren Schichten mittels Kleidung den Anschein von höheren Ständen erweckten. Bis zur industriellen Revolution und dem Aufkommen neuer Fertigungstechniken herrschte in der Mode ein Status quo, der sich nur langsam veränderte.

Mit der Eröffnung seines Modehauses in Paris im späten 19. Jahrhundert verwirklichte Charles Frederick Worth ein neues Konzept: Als Einzelperson diktierte er von nun an der oberen Gesellschaftsschicht die Mode durch saisonale Angebote. Mode war die Sache von Experten geworden. Zur Jahrhundertwende vollzog sich dann ein tief greifender Wandel, denn Couturiers wie Poiret und Fortuny stellten unter dem Einfluss der Frauenrechtsbewegung den gesellschaftlichen Zwang zum Korsett infrage. Ihre Kreationen verzichteten auf eingeschnürte Taillen und verwarfen das vorherrschende Ideal der S-Linie. Damit ging eine größere Unabhängigkeit der Frauen einher (sie konnten sich nun ohne fremde Hilfe ankleiden), und es entstanden Kleider, in denen man sich besser bewegen konnte. Deshalb wuchs auch das Interesse an Sport.

Kunst, Design und Jugend

Der Ausbruch des Ersten Weltkriegs gab der Mode eine neue Ausrichtung: Der Fokus richtete sich auf die Jugendkultur, und die

LEKTION 2 GESCHICHTE DER MODE

◁ **Die Aura der Stars** Die große Filmdiva Greta Garbo ermöglichte der breiten Masse ein Abtauchen in eine glamouröse Fantasiewelt, insbesondere während der Weltwirtschaftskrise.

▽ **Die Zukunft gehört der Jugend** Der Trend zur Jugendkultur Mitte des 20. Jahrhunderts wurde zur treibenden Kraft für die zeitgenössischen Modeschöpfer. High-Tech-Materialien, synthetische Farbstoffe und jugendliche Schnitte weisen auf die Zielgruppe dieser Kollektion hin.

veränderte gesellschaftliche Stellung der Frau. Viele trugen ihr Haar jetzt kurz und kleideten sich in einer androgynen „Garçon-Silhouette". Die Bevölkerung wollte die harten Kriegsjahre vergessen, und die Mode wurde frivol und heiter wie der gesamte Lebensstil, der sich in gehobenen Schichten um Partys und den neuen Modetanz Charleston drehte. Coco Chanel war in jener Zeit in vielerlei Hinsicht stilprägend. Sie erschuf Kreationen aus Wolljersey, einem Material, aus dem bislang ausschließlich Herrenunterwäsche hergestellt worden war. Der Stoff verlieh Bewegungsfreiheit, war praktisch auf Reisen und unterstrich die knabenhafte Silhouette. Auch Strömungen in anderen Bereichen und der Kunst gaben der Mode innovative Impulse, so wurden z. B. Motive aus Kubismus und Art déco auf Kleidung übertragen.
In den 1940er-Jahren, nach der großen Wirtschaftskrise, suchten die Menschen in Hollywood-Filmen Ablenkung vom harten Alltag. Filmstars wurden zu Legenden, und ihre Kleidung zielte auf ein Höchstmaß an Wirkung und Glamour. Das Image wurde so wichtig, dass Filmstudios Designer anheuerten, um ihre Stars einzukleiden – und das nicht nur für die Leinwand. Die Tonfilme und die einflussreichen Stars animierten Frauen dazu, ihren bevorzugten Leinwandidolen, wie Greta Garbo, Marlene Dietrich oder Joan Crawford, nachzueifern. Vionnets bahnbrechende Abendroben im Schrägschnitt vermittelten Glamour und ließen das frivolere Auftreten der 1920er-Jahre hinter sich. Und Schiaparellis heitere Kreationen, die von Dalí und anderen surrealistischen Künstlern inspiriert waren, sollten als Symbol der gesamten Epoche in Erinnerung bleiben.

In großen Schritten voran

Im Zweiten Weltkrieg führten die Knappheit und Rationierung von Stoffen zu kürzeren Röcken und schmalen Silhouetten. Claire McCardell z. B. schuf leicht kombinierbare Einzelteile aus Denim, Jersey und dünnen Baumwollstoffen, die gleichermaßen stilvoll und praktisch waren. Doch in den 1950er-Jahren erfolgte die Gegenreaktion auf die Vorherrschaft des Praktischen und die auferlegten Beschränkungen. Die Frauen träumten wieder von einer romantischen Silhouette, dies fand in Diors raschelnden, ausladenden Röcken, für die bis zu 23 Meter Stoff verarbeitet wurden, seinen Ausdruck.

Die 1960er-Jahre waren von der Jugendkultur geprägt. Modeschöpfer konzentrierten sich nun auf die junge Generation, die sich nicht mehr wie ihre Eltern kleidete, sondern, beeinflusst von der Popkultur und Medienereignissen, neue Wege ging. Die gesellschaftliche Position des Trägers wurde nun nicht mehr länger durch Kleidung ausgedrückt, die Gesellschaft wurde demokratischer.

Die folgenden Generationen erlebten eine schnelllebigere Modewelt, die jede Saison verschiedenste Stilrichtungen bot. Reisen, technischer Fortschritt, Medien und neue Fertigungsmethoden ermöglichten es Designern, ihre Botschaften weltweit zu verbreiten.

Die heutige Designvielfalt ließ zahllose „Modeclans" entstehen, mit denen sich der Einzelne identifizieren kann. Und was bringt die Zukunft? Werden Trends für den aufgeklärten Verbraucher angesichts der vielfältigen Modestile überhaupt noch eine Rolle spielen?

KAPITEL 1 EINFÜHRUNG

LEKTION 3
Bedeutende Modedesigner

Die folgenden Seiten bieten einen Überblick über die großen Namen der Modegeschichte vom späten 19. Jahrhundert bis in die heutige Zeit. Dabei werden der Stil der Modeschöpfer und ihre wichtigsten Kreationen kurz beschrieben. Die Zeitangaben beziehen sich überwiegend auf die erfolgreichen Anfangsjahre der Designer, manche Modehäuser existieren noch heute unter demselben Namen.

Charles Frederick Worth zweite Hälfte des 19. Jahrhunderts

Worth ist als „Vater der Couture" bekannt. Er revolutionierte das Schneidermetier, indem er seiner betuchten Kundschaft, zu der die französische Kaiserin Josephine zählte, neue Stilrichtungen vorgab, die Modenschau „erfand" sowie das Konzept einführte, mit hauseigenen Mannequins zu arbeiten.

Jeanne Lanvin 1920er-Jahre

Sie begann ihre Laufbahn als Modistin und wandte sich dann der Kinderbekleidung zu. Die Resonanz des weiblichen Publikums war so groß, dass sie sich schließlich hauptsächlich auf Damenmode konzentrierte, wobei sie ihrem farbenfrohen, lebendigen Stil treu blieb. Das Modehaus Lanvin wird zurzeit von Modedesigner Alber Elbaz geführt.

Jean Patou 1920er-Jahre

Abgesehen von der Kreation des damals weltweit teuersten Parfums mit dem Namen Joy, war Jean Patou vor allem für die Entwicklung von sportlicher Damenmode bekannt, mit der er auf die neue Bedeutung von Unabhängigkeit, Sport und Gesundheit reagierte. Das Modehaus Patou beschäftigte später berühmte Designer wie Karl Lagerfeld, Jean-Paul Gaultier oder Christian Lacroix.

Paul Poiret 1910 bis 1920

Der Modeschöpfer machte Kleider populär, die kein Korsett erforderten und den kreativen Geist des aufblühenden neuen Jahrhunderts, insbesondere die Begeisterung für Orientalismus, verkörperten. Außerdem ergänzte Poiret seine erfolgreichen Kollektionen um Parfums, Kosmetika, Accessoires und um dekorative Einrichtungsobjekte.

Madeleine Vionnet 1920er- und 1930er-Jahre

Vionnet leistete einen wichtigen Beitrag zur technischen Entwicklung des Schneiderhandwerks. Sie wurde für ihre Kleider im Schrägschnitt berühmt, die dem neuen Trend zu Körperbewusstsein und schlanker Silhouette entsprachen. Die Konstruktion ihrer Modelle entwickelte Vionnet nicht in Zeichnungen, sondern indem sie den Stoff an einer Schneiderpuppe drapierte. So entstanden neuartige, elegant fließende Kreationen.

Mariano Fortuny 1910 bis 1920

Fortuny war ein Universalkünstler im Geiste der Renaissance: Er befasste sich mit Textilien und Kleidung, mit Innenarchitektur, den dekorativen Künsten, Skulptur und Malerei. Sein bedeutendster Beitrag zur Mode waren seine griechisch inspirierten Kleider aus plissierter Seide, die bei Schauspielerinnen und wohlhabenden Damen beliebt waren, sowie seine edlen handbemalten Kokonmäntel aus Samt und Seide.

Paul Poiret passt eine seiner extravaganten Kreationen an. Sein Ziel sah er darin, der Damenmode ein heiteres und exotisches Gesicht zu verleihen.

Elsa Schiaparelli 1920er- und 1930er-Jahre

Ohne einschlägige Berufsausbildung kreierte die Designerin fantasievolle, gewagte Kleidung und Accessoires, indem sie mit herrschenden Regeln brach. Die künstlerischen, humorvollen Modekreationen – wie eine elegante Robe mit aufgemaltem Hummer – fanden großen Anklang und waren vom Surrealismus und ihren Künstlerfreunden Salvador Dalí, Christian Bérard und Jean Cocteau inspiriert.

LEKTION 3 BEDEUTENDE MODEDESIGNER 15

Gabrielle Chanel 1920er- bis 1960er-Jahre

„Coco" Chanel setzte dem prätentiösen Kleiderstil der 1920er-Jahre erfolgreich einen klaren, schlichten und modernen Look entgegen. Während des Zweiten Weltkriegs blieb das Modehaus Chanel geschlossen, doch mit 70 Jahren startete Chanel 1954 ihr Comeback, indem sie ihre legeren Silhouetten für die berufstätigen Frauen der 1950er- und 1960er-Jahre neu erfand.

Cristóbal Balenciaga 1940er- bis 1950er-Jahre

Balenciaga war ein Meister des präzisen Schnitts und der weichen, eleganten Formen. Er entwickelte Kreationen, die ohne Korsettstäbe auskamen. Dafür entwarf und verarbeitete er unkonventionelle Stoffe. Der gebürtige Spanier machte im Paris der 1950er-Jahre einen romantischen spanischen Stil mit Spitze, Boleros und den Farben Rot und Schwarz populär.

Hubert de Givenchy 1950er- und 1960er-Jahre

Seine Verbindung zu Audrey Hepburn ließ das Talent und die Bedeutung dieses französischen Modeschöpfers oft in den Hintergrund treten. Er entwarf atemberaubend elegante Kreationen für seine berühmte Muse. Givenchy war bekannt für einen klaren, schlichten Stil mit aparten Details.

Madame Grès 1930er-Jahre

Alix Grès' modellierte Abendroben weisen darauf hin, dass ihre größte Leidenschaft der Skulptur galt. 1936 verwendetete sie als erste Designerin Seidenjersey für Abendkleidung. Ihre Reisen nach Nordafrika, Ägypten und Indien inspirierten sie zu wunderschönen Roben für ihre westlichen Kundinnen.

Christian Dior stellte 1953 eine neue, kürzere Saumlänge vor, die Frauen größere Bewegungsfreiheit gab und weltweit Aufsehen erregte.

Pierre Cardin 1950er- und 1960er-Jahre

Cardin ist vor allem für seine Kreationen aus den 1960er-Jahren berühmt, zu denen ihn das Weltraumzeitalter inspirierte, und für sein umfangreiches Lizenzgeschäft. Cardin war der erste französische Couturier, der mit der Couture-Institution „Chambre Syndicale" brach, um Prêt-à-porter-Mode und später eine Linie für Herren- und Kindermode herauszubringen. Heute sind Zweitlinien für viele Designer ein weiteres Standbein.

Claire McCardell 1940er- und 1950er-Jahre

Die Designerin spielte eine entscheidende Rolle bei der Entwicklung der modernen amerikanischen Sportswear. Während des Zweiten Weltkriegs hatten amerikanische Modeschöpfer erstmals Gelegenheit, ihren Einfluss geltend zu machen. McCardell entwarf einen unkomplizierten, praktischen Kleidungsstil, der auf kombinierbare Separates aufbaute. Ihre größten Erfolge waren das „monastic dress", das „popover dress" und das Trikot.

Christian Dior späte 1940er Jahre bis 1950er Jahre

1947 stellte Dior seine bahnbrechende „ligne corolle" (Blütenkelch-Linie) der Pariser Öffentlichkeit vor, die erschöpft war vom Krieg und sich nach Schönheit sehnte. Über Nacht eroberten Wespentaille, schmale Schultern und Glockenröcke die Modewelt. Dior definierte jede Saison mit richtungsweisenden Stilvarianten die weibliche Eleganz neu. Seine Karriere fand mit seinem vorzeitigen Tod 1957 ein frühes Ende.

Emilio Pucci 1950er- und 1960er-Jahre

Der erste Modeentwurf des adligen italienischen Skisportlers war sein eigener Skianzug. In den 1950er-Jahren führte er die Caprihose als zwanglose Tageskleidung für Damen ein. Pucci ist vor allem für seine unverwechselbaren bedruckten Seidenstoffe berühmt, die sich durch leuchtende Farben sowie geometrische und organische Muster auszeichneten.

Norman Norell 1940er und 1950er Jahre

Der Amerikaner Norell erlangte während des Zweiten Weltkriegs Bekanntheit. Der Designer etablierte den American Look mit luxuriösen Stoffen und bequemen Schnitten; besonders bekannt wurden seine mit Pailletten besetzten „Meerjungfrauen"-Roben. Seine Karriere währte Jahrzehnte, und er wurde zu einer der wichtigsten Persönlichkeiten der amerikanischen Modeindustrie.

Charles James 1950er-Jahre

James' Abendkleider waren Meisterwerke der Schnittkonstruktion. Jedes seiner Ballkleider modellierte die Figur der Trägerin in Perfektion nach und war dennoch bequem. Leider stand er sich mit seiner schwierigen Persönlichkeit selbst im Weg, was seiner Karriere ein frühes Ende bereitete. Das schmälert jedoch nicht seine Leistungen als großartiger Modeschöpfer.

Anne Klein 1950er- bis 1970er-Jahre

Die New Yorker Designerin Anne Klein schuf in ihrer langen Karriere unkomplizierte, tragbare Kreationen, die den Bedürfnissen der jungen berufstätigen Frauen entsprachen. Als erste Modedesignerin verwirklichte sie das Store-in-store-Konzept: Namhafte Kaufhäuser teilten Verkaufsfläche ab, um dort ausschließlich Kleins Kreationen zu präsentieren – eine heute gängige Praxis.

1940　　　　1950

Yves Saint Laurent 1950er- bis 1980er-Jahre

Nur wenigen Modeschöpfern gelang es, den Geist der zweiten Hälfte des 20. Jahrhunderts so stilbildend einzufangen wie Saint Laurent. Er schaffte es stets, das sich wandelnde Frauenbild zum Ausdruck zu bringen. Ob er den Damen-Hosenanzug in den 1960er-Jahren legitimierte, Arbeitskleidung für die Haute Couture abwandelte oder das Interesse für ethnische Vielfalt weckte, Saint Laurent war ein Wegbereiter der Modewelt.

Rudi Gernreich 1960er Jahre

Gernreichs Design war stark von seiner Ausbildung im modernen Tanz und von der sexuellen Revolution der 1960er-Jahre beeinflusst. Seine Kollektionen zielten ab auf Bewegungsfreiheit sowie dramatische Silhouetten. Mit seinen Kreationen brachte er die Gedankenwelt der 1960er-Jahre sowie politische und persönliche Meinungen zu Themen wie Alter, Gleichberechtigung oder idealisierte Schönheit zum Ausdruck.

Valentino 1960er-Jahre bis Anfang 21. Jh.

Für viele Frauen verkörpert Valentino die raffinierte Eleganz der zweiten Hälfte des 20. Jahrhunderts. Schauspielerinnen und berühmte Persönlichkeiten tragen regelmäßig bei öffentlichen Auftritten seine dramatischen Roben, oft in der Farbe Rot, die sein Markenzeichen ist.

Paco Rabanne 1960er-Jahre

Rabannes Kreationen waren stark von Architektur, dem Weltraumzeitalter und von Techniken der Juwelierkunst beeinflusst. Seine Arbeiten mit Metallketten und Plastikscheiben sind Kultobjekte, und sein Faible für die Verarbeitung von unkonventionellen Materialien machte ihn zu einem Impulsgeber für viele andere Designer.

Giorgio de Sant'Angelo 1960er- und 1970er-Jahre

Diana Vreeland, damals einflussreiche Redakteurin der *Vogue*, war von Sant'Angelos farbenfrohen Schmuckkreationen begeistert und führte ihn in die Modewelt ein. Er arbeitete als Stylist für *Vogue* und zeigte ab 1966 eigene Kollektionen, für die er unverwechselbare Looks kreierte, die inspiriert waren von ethnischen Einflüssen sowie der sexuellen Revolution und Anleihen bei Zigeunern oder amerikanischen Indianern nahmen.

Labels wie Ossie Clark entwerfen auch heute noch zeitgemäße Mode.

André Courrèges 1960er-Jahre

Seine Kreationen brachten die Faszination der Epoche für die Raumfahrt zum Ausdruck. Sowohl Courrèges als auch die Designerin Mary Quant erheben den Anspruch, den Minirock eingeführt zu haben. Die Ausbildung zum Architekten sowie seine frühere Tätigkeit für Balenciaga spiegeln sich in seinen strengen Farbpaletten und modernen Proportionen wider.

Bonnie Cashin 1960er- und 1970er-Jahre

Cashin war eine unkonventionelle Designerin, die Kleidung für Frauen mit aktivem Lebensstil entwarf. Charakteristisch waren ihre mehrlagigen Kleider, die trotz Weite ansprechend geschnitten waren und sich durch Bewegungsfreiheit und Tragekomfort auszeichneten, sowie passend abgestimmte Accessoires. Eine weitere typische Kombination bestand aus Wollmodellen mit Knebelverschlüssen und Ledereinfassungen.

Mary Quant 1960er-Jahre

Quant ist die Designerin, die am häufigsten mit der Jugendkultur der 1960er-Jahre assoziiert wird. Ihr war klar, dass die jungen Frauen der Nachkriegszeit nicht wie ihre Mütter aussehen wollten, und so führte sie den Minirock (gleichzeitig mit André Courrèges in Frankreich), die Go-go-Stiefel, Schuhe mit flachen Absätzen und grafische Druckdessins ein und machte den kurzen Pagenkopf von Vidal Sassoon populär.

Ossie Clark 1960er- und 1970er-Jahre bis heute

Clark zählte zur Londoner Chelsea-Szene und entwickelte witzige, skurrile Kleidung aus bedruckten Stoffen, deren kunstvolle, farbenfrohe Muster oft von seiner Frau entworfen wurden. Clark ließ sich von den fließenden Kleidern im Schrägschnitt der 1930er-Jahre inspirieren, und seine Interpretationen lösten wichtige Trends aus. Er entwarf Mode für Rockstars wie z. B. für Mick Jagger und für zahlreiche Frauen aus dessen Umfeld.

Sonia Rykiel 1960er-Jahre bis heute

Die „Königin der Maschen" arbeitet nahezu ausschließlich mit Strickstoffen und erfreute die Frauen der 1960er- und 1970er-Jahre mit Teilen, die bequem und zugleich sexy waren. Sie machte das „Shrunken-poor-boy-Top", ein einfaches Strickshirt, und Strickhosen populär. Damit wurde sie zu einer französischen Stilikone für tragbare, praktische Kleidung.

LEKTION 3 BEDEUTENDE MODEDESIGNER 17

Karl Lagerfeld 1960er-Jahre bis heute

Der Einfluss des produktiven Modeschöpfers durchdringt die gesamte Modeindustrie. Lagerfelds Genie beruht auf einem wahrhaft postmodernen Gespür für Stilkombinationen und -möglichkeiten. Berühmt wurde er vor allem als Chefdesigner für Chanel: In dieser Rolle aktualisierte und belebte er die Marke, indem er ihre charakteristischen Wesenszüge mit Streetfashion und einer jugendlichen Note kombinierte.

Emanuel Ungaro 1970er- und 1980er-Jahre

Ungaro ist vor allem für seine bedruckten Stoffe bekannt, für die er Muster und Farben zu überraschenden Kreationen kombinierte. Seine Entwürfe waren stets feminin und elegant, hatten jedoch durch die Vielfalt an Farben, Texturen und Druckdessins gleichzeitig auch eine verspielte Note.

Perry Ellis 1970er- und 1980er-Jahre

Seine Anfangsjahre als Merchandiser gewährten Ellis wertvolle Einblicke in die wichtigen wirtschaftlichen Aspekte des Modegeschäfts. Immer mehr Frauen waren berufstätig, und Perry Ellis war einer der wichtigen Designer für die Entwicklung der klassischen amerikanischen Mode. Er entwarf leicht kombinierbare Kleidung, die den Bedürfnissen ihres Alltags entsprach.

Halston 1970er-Jahre

Halstons Stil hatte großen Einfluss auf die amerikanische Sportswear der 1970er-Jahre. Seine einfachen, schmeichelhaften Entwürfe sahen an unterschiedlichsten Figuren großartig aus. Für seine meist einfarbigen Kreationen mit lang gestreckten, schlanken Silhouetten verwendete er luxuriöse Stoffe. Halston nutzte seine Kontakte zu Berühmtheiten und besuchte oft das legendäre Studio 54, um seinen Kultstatus zu festigen.

Kenzo Takada 1970er- und 1980er-Jahre

Kenzo war einer der ersten japanischen Designer, die sich in Paris niederließen und frischen Wind in die französische Mode brachten. Er ist bekannt für seine verspielten Silhouetten und originellen Kombinationen von Mustern, Druckdessins und kräftigen Farben.

Kenzo, der Star der Pariser Modewelt in den 1970ern, verband asiatische und westliche Einflüsse zu einzigartigen Druckdessins und fließenden Silhouetten.

Missoni 1970er- und 1980er-Jahre

Die einzigartigen Muster und Farben der Strickwaren von Missoni sorgen für den hohen Wiedererkennungswert und die Popularität der Marke. Die tragbaren, kunstvollen Kollektionen treffen den Geschmack der Frauenwelt: Kleidung, die sowohl unverwechselbar als auch im Berufsleben praktisch zu tragen ist.

Stephen Burrows 1970er-Jahre

Burrows ist insbesondere für die weichen, eng anliegenden Formen und grafischen Farbkombinationen seiner Kreationen bekannt, die er meist aus Seidenchiffon und fließendem Jersey fertigte. Die Kleider waren oft asymmetrisch geschnitten, und als typisches Merkmal gilt der gekräuselte Saum.

Jean-Charles de Castelbajac 1970er- und 1980er-Jahre

Castelbajac wurde in den 1970er-Jahren bekannt, als er aus Alltagsgegenständen wie Schlafsäcken, Decken oder Teddybären außergewöhnliche Kreationen fertigte. Sein Stil ist unverkrampft und humorvoll, und man darf dabei wohl eher von Kunstmode als von Konfektionsmode sprechen.

Bill Blass 1970er- und 1980er-Jahre

Als klassischer amerikanischer Designer trug Blass dazu bei, den amerikanischen Look als kultivierten, eleganten Stil zu definieren. Blass entwickelte verschiedene Modelinien und arbeitete mit Lizenzen, um den Kundinnen eine möglichst große Vielfalt zu bieten.

Geoffrey Beene 1970er- und 1980er-Jahre

Beene war ein Erneuerer und Rebell in der amerikanischen Modeindustrie. Für den einstigen Medizinstudenten standen die Dreidimensionalität der Form und die Bewegung des Materials am Frauenkörper im Mittelpunkt. Charakteristische Merkmale waren: außergewöhnliche Stoffe, zu geometrischen Formen verarbeitet, das Dreieck als Motiv sowie das Spiel mit positiven und negativen Formen, um den Körper zu betonen.

James Galanos 1970er- und 1980er-Jahre

Der Amerikaner James Galanos war ein echter Couturier, was handwerkliche Präzision, Details und Preise anging. Er entwarf Roben für einen exklusiven Kundenkreis und erlangte größere Bekanntheit, als Nancy Reagan seine Kreationen bei offiziellen Terminen als Präsidentengattin trug.

1970

KAPITEL 1 EINFÜHRUNG

Issey Miyake 1970er-Jahre bis heute

Miyake vereint Kunst und Mode zu tragbaren, ansprechenden Kreationen. In seiner Arbeit verbinden sich sein Interesse an modellierten Formen, fernöstliche und westliche Ästhetik sowie innovative Stoffexperimente. Besonders bekannt sind Miyakes architektonisch konstruierten Plisseekreationen für die Linien Pleats Please und APOC (A Piece of Cloth).

Vivienne Westwood 1970er-Jahre bis heute

Im Laufe ihrer langen Karriere ließ sich Westwood von der Popkultur, dem Historismus und den starken, unabhängigen Frauen, für die sie ihre Modelle entwarf, inspirieren. In den 1970er-Jahren eröffnete sie eine Boutique und gründete dann später ihr eigenes Label. Ihre Themen wie romantische Piraten, Aristokraten des 18. und 19. Jahrhunderts oder Umweltaktivisten verkörpern stets selbstbewusste, sexy Frauen.

Thierry Mugler 1980er-Jahre

Inspiriert von der Postmoderne und dem Underground, mit Themen wie sexuellen Fetischen, Nachtclubs oder Science-Fiction und seiner Vergangenheit als Tänzer kreierte Mugler einen theatralischen Stil. Sein aggressiver, streng proportionierter Look mit gepolsterten Schultern und Hüften und Wespentaille erinnerte an Rüstungen und richtete sich an selbstbewusste Frauen.

Calvin Klein 1970er- bis 1990er-Jahre

Der geschäftstüchtige Designer trieb die New Yorker Modeindustrie voran, indem er im Bereich der Werbung und Markterschließung neue Wege einschlug. Kleins Werbeanzeigen, die auch mit Nacktheit und Sexualität spielten, wurden kontrovers diskutiert. Sein Stil enthielt viele Elemente klassischer amerikanischer Mode, die mithilfe von glamourösen, ungewöhnlichen Marketingkampagnen einen neuen Charakter erhielten.

Claude Montana 1980er- bis frühe 1990er-Jahre

Montana kann mit seinen extrem architektonischen Entwürfen als typischer Designer der 1980er- und frühen 1990er-Jahre bezeichnet werden: Markant waren die breiten Schultern, Metallnieten und -verzierungen sowie kurze, enge Röcke. Montanas Modelle waren stark und einschüchternd – diesem Bild wollten damals viele an Karriere interessierte Frauen entsprechen.

Oscar de la Renta 1970er-Jahre bis heute

Er ist berühmt für seine romantischen, oft gerüschten Abendkleider, in denen manchmal Erinnerungen an seine Kindheit in der Dominikanischen Republik und seine Studienzeit in Spanien und Paris anklingen. De la Renta war der erste Amerikaner, dem die große Ehre zuteilwurde, seine Kollektion in Paris vorzustellen.

Azzedine Alaïa 1980er- und 1990er-Jahre

Alaïa erschuf einen erotischen, körperbewussten Stil mit hohem Wiedererkennungswert, der weibliche Stärke verkörpert. Er prägte den Look der 1980er-Jahre entscheidend mit und ließ seine konstruierten Stretchkleider von durchtrainierten Stars wie Tina Turner, Raquel Welch und Grace Jones präsentieren.

Vivienne Westwood lässt sich von der Mode vergangener Epochen zu prachtvollen Entwürfen inspirieren.

Giorgio Armani 1970er-Jahre bis heute

Armani begann 1974 als Designer für Herrenmode und entwarf 1975 seine erste Damenkollektion. Der Name Armani stand von Anfang an für weich fallende Schnitte und Stoffe in subtilen Farben. In den 1980er-Jahren eroberte der Armani-Anzug die Führungsetagen, und er steht bis heute im Mittelpunkt der Marke. Außerdem stattete Armani zahlreiche Hollywood-Stars für den Auftritt auf dem roten Teppich aus.

Stephen Sprouse 1980er-Jahre

Sprouse war eine bedeutende Figur in der New Yorker Downtown-Szene. Seine Entwürfe sind inspiriert von der Popkultur wie z. B. der Musikszene der 1960er-, 70er- und 80er-Jahre, dem Graffiti und der Kunst von Andy Warhol, Keith Haring oder Basquiat. Charakteristisch für ihn waren die Kombination von Neonfarben mit Schwarz und seine unverwechselbare Handschrift, mit der er Drucke gestaltete.

Gianni Versace 1980er- bis frühe 1990er-Jahre

Versace wurde mit seinen auffälligen, vom Rock 'n' Roll inspirierten Entwürfen berühmt, für die er edle Materialien wie Seide, Leder und Strick verarbeitete. Er spielte bei den Druckdessins mit griechischen, römischen und Art-déco-Motiven in leuchtend bunten Farben sowie mit dem markanten Emblem des Modehauses, dem Haupt der Medusa. Versace war bekannt für seine engen Freundschaften mit Stars wie Elton John.

1970   1980

LEKTION 3 BEDEUTENDE MODEDESIGNER

Romeo Gigli 1980er- bis frühe 1990er-Jahre

Gigli gelang es, unbeeinflusst von vorherrschenden Modeströmungen, seine eigene klare Vision umzusetzen. Er arbeitete zwar stets mit satten Edelsteinfarben und sinnlichen Stoffen, die von der Renaissance oder der byzantinischen Zeit inspiriert waren, doch seine romantischen Silhouetten und zeichenhaften Kokonmäntel waren ausnehmend modern.

Yohji Yamamoto 1980er-Jahre bis heute

Yamamoto arbeitet meist mit schwarzem Stoff und gestaltet Kreationen, die weder mit Körperform und Symmetrie noch mit Trends konform gehen. Der japanische Designer bietet Alternativen zu den üblichen Vorstellungen von Sex-Appeal und strebt danach, Schönheit und Spiritualität in dramatischen Silhouetten zum Ausdruck zu bringen. Bekannt ist Yamamoto auch für seine Zusammenarbeit mit Adidas für das Label Y3.

Marc Jacobs 1980er-Jahre bis heute

Jacobs ist unbestritten der derzeit bekannteste und einflussreichste amerikanische Designer. Berühmtheit erlangte er mit der berüchtigten Grunge-Kollektion für Perry Ellis, zu der ihn Seattles Post-Punk-Musikszene der 1990er-Jahre inspirierte. Seitdem wuchs seine Popularität stetig, sowohl als Designer für sein eigenes Label wie als Kreativdirektor für Louis Vuitton in Paris.

Ralph Lauren 1980er-Jahre bis heute

Ralph Lauren wird oft als Marketinggenie betrachtet, denn er erschuf eine ausgefeilte Markenidentität, die auf traditionelle Ideale ausgerichtet ist. Bekannt wurde Lauren in den 1980er-Jahren, als er den Ivy-League-Look populär machte. Großen Erfolg hatte er auch mit charakteristischen amerikanischen Inspirationen, die er aus der Indianerkultur, dem Wilden Westen und der frühen Hollywood-Ära bezog.

Donna Karan 1980er-Jahre bis heute

Die Designerin veränderte in den 1980er-Jahren maßgeblich die Einstellung der berufstätigen Frauen zu Kleidung. Karan entwarf eine Businessgarderobe, die sich auf Basics konzentrierte, Bewegungsfreiheit und Tragekomfort bot und sich nicht auf maskuline Anzüge beschränkte. Außerdem hat Karan ein Faible für organisch drapierte, sinnliche Kleider, die mit ihren eher strengeren Sportswear-Modellen kontrastieren.

Jean-Paul Gaultier 1980er-Jahre bis heute

Gaultiers anhaltende Bedeutung für die Mode fußt auf zwei wichtigen Aspekten: in seiner Umkehr der Geschlechterrollen und dem Rückgriff auf verschiedene kulturelle und religiöse Gruppierungen als Inspirationsquelle. Gaultier verleiht Frauen das Gefühl, stark und dennoch sexy zu sein, während in seiner Herrenmode eine femininere Schönheit und Sinnlichkeit anklingt.

Martine Sitbon 1980er-Jahre bis heute

Sitbon erlangte Bekanntheit durch ihre Tätigkeit für Chloé in den 1980er-Jahren, mit ihrem eigenen Label in den 1990er-Jahren und als Designerin für Byblos zu Beginn des neuen Jahrtausends. Sie kombiniert weiche Strukturen, die auf Elementen der Herrenbekleidung basieren, mit einer fein abgestimmten Farbpalette und Inspirationen aus der Musikkultur.

Prada entwickelt komplexe Konzepte und Theorien zur Zukunft der Mode.

Rei Kawakubo 1980er-Jahre bis heute

Als Designerin des Labels Comme des Garçons ist Kawakubo die „Philosophin der Modewelt" und einer der führenden Köpfe der ästhetischen Dekonstruktion der späten 1970er-Jahre. Sie entwirft Kleidung, die einen eigenen Standpunkt zu Ausdruck, Körper und Sex-Appeal vermittelt, und hinterfragt unablässig Silhouette, Materialien und Präsentation.

Christian Lacroix 1980er-Jahre bis heute

Lacroix ist seit Beginn seiner Laufbahn der Inbegriff für extravagante Couture. Er begann zunächst als Designer für das Modehaus Patou und wurde in den luxuriösen 1980er-Jahren mit seinem charakteristischen Ballonkleid populär. Die Faszination für Lacroix' leuchtende Farbpaletten und opulente Stoffe ist ungebrochen.

Prada 1990er Jahre bis heute

Miuccia Prada gelang es, das ehrwürdige italienische Lederunternehmen ihres Großvaters zu einem führenden Modehaus zu machen. Mit Kreationen, die die Begriffe „häßlich" und „elegant" auf den Prüfstand stellen, ist Prada stets bestrebt, Kleidung zu entwerfen, über die Frauen nicht definiert werden können. Die Modeschöpferin verwendet nach eigener Aussage um der Herausforderung willen bewusst Stoffe oder Ideen, die sie verabscheut.

1990

Gucci/Tom Ford 1990er-Jahre bis frühes 21. Jh.

Das einstige Lederwarenunternehmen hatte bereits seit geraumer Zeit Mode produziert, ohne größeres Aufsehen zu erregen, als man in den 1990er-Jahren Tom Ford engagierte. 1995 wird das Team von der Presse gefeiert, und von diesem Zeitpunkt an gewinnt es eine wachsende Fangemeinde unter Stars und Prominenten. Tom Ford kombinierte auffallende Silhouetten im Stil der 1970er-Jahre mit modernen, sexy Details.

Martin Margiela 1990er-Jahre bis heute

Der einflussreiche Designer gehörte zum Kreis der Antwerp Six. Er begreift Mode als ein philosophisches Unterfangen und geht von intellektuellen Konzepten wie dem Dekonstruktivismus sowie unkonventionellen Schönheitsbegriffen aus. Margiela kümmert sich nicht um Trends, sondern bearbeitet bereits existierende Konzepte so lange, bis er in seinem eigenen künstlerischen Prozess alle Möglichkeiten ausgelotet hat.

Dries Van Noten 1990er-Jahre bis heute

Dries Van Noten zählte zu den Antwerp Six, doch er schlug als Modeschöpfer einen anderen Weg ein als die weiteren fünf Designer der Gruppe. Seine Kreationen bestehen häufig aus einer eklektischen Kombination von Silhouetten, Farben und Druckdessins, die nicht nur von europäischen, sondern auch von indischen und zentralasiatischen Einflüssen inspiriert sind.

Jil Sander 1990er-Jahre bis frühes 21. Jh.

Jil Sander war führend in der Bewegung des Minimalismus in den 1990er-Jahren. Sie arbeitete überwiegend mit monochromen Farbpaletten und einem größtmöglichen Verzicht auf Nähte und Details. Die Designerin machte die ungefütterte Jacke mit weichen Schultern populär, und nach den grellen 1980er-Jahren war ihr dezenter, schnörkelloser Stil genau das, wonach die Kundinnen verlangten.

Dolce & Gabbana 1990er-Jahre bis heute

Die italienischen Modeschöpfer Domenico Dolce und Stefano Gabbana setzen zur Vermarktung ihres Labels häufig eine italienische Bildsprache, Sex und kontroverse Anzeigen ein. Ursprünglich prägte ihre sizilianische Herkunft den Stil, doch heute arbeiten sie oft mit Leopardendruck, Korsetts oder den Farben Schwarz und Rot, um figurbetonte Kleidungsstücke mit Sex-Appeal zu kreieren.

Ann Demeulemeester 1990er-Jahre bis heute

Demeulemeester, ebenfalls Mitglied der Antwerp Six, beschränkt sich in ihrer Arbeit auf eine reduzierte Farbpalette, häufig nur auf Schwarz. Ihre Kreationen sind ein Spiel mit Gegensätzen, so kombiniert sie z. B. Stilelemente von lässiger Männerbekleidung mit einer romantischen und weichen Note, die in jeder Kollektion zu finden ist. Die Designerin nennt häufig die Sängerin Patti Smith als Inspiration und Muse für ihre Arbeit.

Helmut Lang 1990er-Jahre bis frühes 21. Jh.

Als einer der führenden Vertreter des Minimalismus in den 1990er-Jahren arbeitete Lang mit grafischen und monochromen Farbpaletten und High-Tech-Materialien. Seinen androgynen Herren- und Damenkollektionen verlieh er mit geometrischen Formen, strengen Silhouetten, funktionalen Details und durchsichtigen Stoffen einen klaren, militärischen Look.

Isaac Mizrahi 1990er-Jahre bis heute

Zwei Frauentypen bilden Mizrahis unerschöpfliche Quelle der Inspiration: die Hollywood-Schauspielerin der 1950er-Jahre und die geschäftige New Yorkerin. Seine Kreationen sind fröhlich, doch nie albern, und zeichnen sich oft durch wohlbekannte schlichte Silhouetten und einzigartige Textur- und Farbkombinationen aus. Sein Dokumentarfilm *Unzipped* und seine charismatische Persönlichkeit machten Mizrahi bekannt.

John Galliano 1990er-Jahre bis heute

Der Designer ist berühmt für historische Reminiszenzen und schlagzeilenträchtige Laufsteginszenierungen, deren Produktion Unsummen verschlingt. Bei seinem eigenen Label ebenso wie bei Dior stellt Galliano jene äußerst glamourösen, kunstvoll gearbeiteten Roben mit historischem Bezug in den Mittelpunkt, mit denen er sich in der Modewelt einen Namen gemacht hat.

Paul Smith 1990er-Jahre bis heute

Smith begann als Designer für Herrenmode; seine Entwürfe richteten sich an Männer, die sich von dem traditionellen Dreiteiler befreien wollten, aber dennoch auf ein professionelles Erscheinungsbild achten mussten. Der Modeschöpfer arbeitet mit leuchtenden, kräftigen Farben und klassischen Silhouetten. Er brachte 1994 seine erste Damenkollektion auf den Markt und betreibt eigene Einzelhandelsgeschäfte auf der ganzen Welt.

Michael Kors 1990er-Jahre bis heute

Seine verspielten Interpretationen amerikanischer Modeklassiker haben eine treue Fangemeinde. Der Designer entwirft tragbare, komfortable Kleidung mit einer fröhlichen, überraschenden Note und wählt oft spezifisch amerikanische Themen wie Palm Beach oder Aspen. Kors arbeitet mit auffallenden grafischen Mustern und Farben sowie mit Sportswear-Basics in den Farben Camel, Anthrazit, Schwarz und Weiß.

Alberta Ferretti 1990er-Jahre bis heute

Beim Entwerfen ihrer farbenfrohen Cocktailkleider lässt sich Ferretti häufig von ihren italienischen Wurzeln inspirieren. Sie ist bekannt für die meisterhafte, detaillierte Ausarbeitung ihrer femininen Kleider und verfügt nicht nur im Jetset über eine treue Fangemeinde.

1990

LEKTION 3 BEDEUTENDE MODEDESIGNER 21

Alexander McQueen 1990er-Jahre bis 2010

McQueens Arbeit wurde von der Branche stets aufmerksam beobachtet und kontrovers diskutiert. In ihm vereinte sich eine rebellische Einstellung zu Mode und Schönheit mit einer meisterhaften Beherrschung des Schneiderhandwerks, die auf seine Ausbildung in der Londoner Savile Row zurückgeht. Er verfügte über den Blick eines Showman und Modehistorikers, was in seinen revolutionären Laufstegkreationen deutlich wurde.

Stella McCartney Beginn 21. Jh.

Die Tochter des Ex-Beatle wurde als Chefdesignerin bei Chloé berühmt. 2001 wechselte sie zum Gucci-Konzern, um ein eigenes Label zu gründen. Sie ist engagierte Tierschützerin, und für ihre junge Zielgruppe entwirft sie aktuelle Versionen von Klassikern der 1970er- und 1980er-Jahre, besondere Druckdessins und raffinierte, figurnahe Schnitte.

Hussein Chalayan frühes 21. Jh.

Chalayan ist Künstler, Philosoph und ein Designer von innovativer, tragbarer Mode. Der Modeschöpfer kümmert sich nicht um Trends und kreiert Kleidung, Laufsteginszenierungen und Musik, die sich nahtlos zu einem Gesamtkunstwerk mit abstrakter Bedeutung fügen. Er gilt als intellektueller Modeschöpfer, der mehr an geistigen Inhalten als an Umsatzzahlen interessiert ist.

Alexander McQueen interpretierte Mode vergangener Zeiten mit modernen Materialien und Techniken.

Narciso Rodriguez frühes 21. Jh.

International bekannt wurde Rodriguez mit dem Entwurf des schlichten, eleganten Brautkleids für Carolyn Bessettes Hochzeit mit John F. Kennedy jr. Durch die Tätigkeit bei Calvin Klein wurde sein eigener minimalistischer Stil geprägt, der sich durch innovative, tragbare Kleidung, grafische Farbgestaltungen sowie präzise Verarbeitung und konstruktive Details auszeichnet.

Junya Watanabe frühes 21. Jh.

Unterstützt durch Rei Kawakubo, machte sich Watanabe mit bemerkenswerten Schnittkonstruktionen und seiner Arbeit mit High-Tech-Materialien einen Namen. Oft stellt er seine Kollektion unter ein bestimmtes Thema, dabei dekonstruiert und rekonstruiert er eine einzelne Idee in einer verblüffenden Vielfalt von Variationen.

Proenza Schouler frühes 21. Jh.

Die Modeschöpfer Lazaro Hernandez und Jack McCollough haben sich, obwohl noch sehr jung, als ein Designteam von anhaltender Bedeutung erwiesen. Das kreative Duo begegnet Stil und Kultur mit einem frischen Ansatz, wofür man es mit zahlreichen prestigeträchtigen Auszeichnungen geehrt hat.

Veronique Branquinho frühes 21. Jh.

Die Modeschöpferin ist bekannt für ihre subtilen, gedämpften Farben und den geschickten Mix aus maskuliner Konstruktion und weichen, femininen Drapierungen und Texturen.

Francisco Costa frühes 21. Jh.

Costa hat mit seinem reduzierten, grafischen und experimentellen Stil das Image des Modehauses Calvin Klein verändert. Er verwendet Farbvariationen von Zitrusnuancen bis zu perlweißen Schattierungen und Tiefschwarz, dabei bleibt er der architektonischen Ästhetik, die einst von Calvin Klein begründet wurde, treu. Costa kreiert innovative Silhouetten und entwickelt die futuristischen Stoffe und Druckdessins oft selbst.

Nicolas Ghesquière frühes 21. Jh.

Der Designer wird oft als Futurist bezeichnet, er experimentiert gern bei der Entwicklung seiner trendsetzenden Kreationen mit Form, Farbe, Materialien und Schnitten. Mit 26 Jahren begann Ghesquière für Balenciaga zu arbeiten. Er studiert sorgfältig die früheren Kollektionen des Meisters und schafft eine frische und einzigartige Neuinterpretation dieser Marke.

Viktor & Rolf frühes 21. Jh.

Die niederländischen Designer Viktor Horsting und Rolf Snoeren stellen immer wieder den Status quo der Mode infrage und erschaffen Laufstegpräsentationen, in denen innovative Stoffe, Silhouetten und Tragbarkeit im Vordergrund stehen. Ihr surrealistischer und abstrakter Ansatz wurde bereits in mehreren Büchern vorgestellt und brachte sie in Galerien und Museen, wo die Beziehung zwischen Kunst und Mode sichtbar wird.

2000

LEKTION 4
Wichtige Marktsegmente

In der Modebranche unterscheidet man verschiedene Kategorien, die Preis, Stil und Zielgruppe eines Modedesigns vorgeben. Es ist wichtig, das eigene Marktsegment zu kennen.

Haute Couture

Haute Couture bezeichnet das Segment mit der teuersten, am besten verarbeiteten und aufwendigsten Kleidung; sie steht unter der strengen Kontrolle der Interessensvertretung „Chambre Syndicale de la Haute Couture" in Paris. Um sich zur Haute Couture zählen zu dürfen, muss ein Designer strenge Richtlinien erfüllen: Erforderlich ist ein Atelier in Paris mit einer bestimmten Anzahl an Festangestellten und zweimal im Jahr eine Präsentation mit mindestens 35 Modellen. Außerdem sind alle Kreationen Maßanfertigungen, die mindestens drei Anproben erfordern. Mittlerweile hat die Popularität der Haute Couture angesichts der exorbitanten Kosten und des immensen Arbeitsaufwands etwas abgenommen. Modeschöpfer nutzen die Haute Couture bevorzugt, um für ihre Prêt-à-porter-Kollektionen zu werben.

Designersegment/Prêt-à-porter

Die Kollektionen dieser Kategorie werden in Standardgrößen gefertigt und der Modepresse und Einkäufern für die jeweilige Saison vorgestellt. Designerkleidung zeichnet sich durch hochwertige Materialien sowie erstklassige Schnittkonstruktion und gute Verarbeitung aus. Ihr spezifisches Prestige kann sowohl auf intensivem Marketing – wie bei Donna Karan – als auch auf außergewöhnlicher Konstruktions- und Detailgenauigkeit – wie bei Hermès – gründen. Daneben gibt es Designermode, wie etwa diese von Comme des Garçons und Hussein Chalayan, die für konzeptuelle und abstrakte Inspirationen bekannt ist und die sich mit künstlerischen und philosophischen Ideen auseinandersetzt. Designer- bzw. Prêt-à-porter-Kollektionen werden zunehmend exklusiver und von Modehäusern genutzt, um für ihre weniger teuren Lizenzkollektionen und Zweitlinien zu werben.

△ **Klassische Couture-Techniken**
Für Couture-Kreationen gibt es keine Preisobergrenzen, da hier Qualität und Handarbeit im Vordergrund stehen. Dieser Rock mit den von Hand aufgenähten, schräg geschnittenen Seidenstreifen und Picotkanten ist ein typisches Couture-Modell: Er zeichnet sich durch einen immensen Zeit- und Arbeitsaufwand aus und erfordert großes Können.

Bridge-Segment

Dieses Segment entstand in den 1970er-Jahren in Amerika, als Frauen den Arbeitsmarkt eroberten und vergeblich nach geeigneter Kleidung für den Beruf suchten. Das Segment baut auf klassisch amerikanischen Looks wie Sportswear und Businessanzüge auf. Bridge-Mode liegt preislich noch unter den Designerkollektionen, weil sie nicht mit vergleichbar prestigeträchtigen Namen verknüpft ist und Materialien sowie Fertigungsverfahren weniger exklusiv sind.

Stil und Silhouetten veränderten sich im Bridge-Segment von Saison zu Saison nur geringfügig. Die Befürchtung vieler Frauen, in der Arbeitswelt von ihren Kollegen als allzu feminin wahrgenommen zu werden, nahmen Designer zum Anlass, für die weibliche Businesskleidung traditionelle Farben von Herrenanzügen wie Grau, Schwarz und Marineblau zu verwenden. In den 1980er-Jahren begann man neue Silhouetten zu kreieren, in denen sich Frauen im Beruf souverän bewegen können, ohne ihre Weiblichkeit zu verleugnen.

Heute ist das Bridge-Segment stark im Wandel begriffen, denn die Frauengeneration der Baby-Boom-Jahre zeigt mehr Gelassenheit im Konkurrenzkampf mit Männern, und jüngere Frauen verspüren nicht mehr zwangsläufig den Druck oder den Wunsch, Anzüge zu tragen. Folglich sind viele Bridge-Kollektionen, z. B. von Banana Republic oder Ann Taylor, preiswerter und stilistisch gewagter, um auch das Interesse von jüngeren Kundinnen zu wecken.

◁ **Innovative Silhouetten**
Kollektionen des Designersegments zeichnen sich durch erstklassige Stoffe und außergewöhnliche Entwürfe aus. Die besonderen Schnitte und die neuartigen Materialien zeugen bei diesen Modellen von einem innovativen Standpunkt.

▽ **Klassische Silhouetten**
Bridge-Kollektionen zeichnen sich durch vertraute Silhouetten, hochwertige Stoffe, Funktionalität und eine ausgewogene Farbpalette aus. Sie bieten den Kundinnen eine komplette Garderobe aus kombinierbaren Einzelteilen mit durchdachten Details.

Contemporary-Segment

Die sogenannte Contemporary Fashion bewegt sich im selben Preissegment wie Bridge-Mode, richtet sich jedoch an eine jüngere, experimentierfreudigere Kundschaft. Viele Designer haben Zweitlinien in diesem Segment, z.B. DKNY von Donna Karan, CK von Calvin Klein oder D&G von Dolce & Gabbana. Die Kunden in dieser Kategorie verfolgen aufmerksam die großen Modetrends und die Designerpräsentationen, wünschen sich jedoch preisgünstigere Mode.

Mittleres Segment

Dieses umfasst Kollektionen, die man in gehobenen Kaufhäusern findet und die sowohl im Berufsleben als auch bei Freizeitaktivitäten getragen werden. Zu dieser Kategorie gehört auch sportlichere, zwanglosere Mode von Labels wie Gap, Abercrombie & Fitch oder The Limited. Die Silhouetten orientieren sich an ausgewählten Designerkollektionen oder greifen Bestseller des Vorjahres auf.

Das Angebot kann in ein Kernsortiment, in erweiterte Kernmodelle sowie Neuheiten eingeteilt werden. Das Kernsortiment umfasst klassische Stücke, z.B. Jeans oder einfache Röcke. Ein erweitertes Kernmodell ist eine klassische Silhouette mit überraschenden Details, z.B. ein gestreiftes Sweatshirt oder ein Rock mit Rüschen am Saum. Neuheiten sind Modelle mit trendigeren Silhouetten und Farben.

Juniorsegment

Die Märkte für Kids und Teenager, also für Zehn- bis Vierzehnjährige und Dreizehn- bis Achtzehnjährige, haben im 21. Jahrhundert enorm an Bedeutung gewonnen, da die Vertreter der Baby-Boom-Generation und der Generation X mittlerweile selbst Kinder haben, die gern einkaufen. Die Kinder werden von ihren Eltern ermutigt, sich eine eigene Identität zu erschaffen, was man sich im Marketing zunutze macht. Sobald ein Trend sich auf breiter Basis durchsetzt, gilt er als passé. Labels in diesem Segment sind z.B. Delia's oder Old Navy.

Niedrigpreissegment

Diese Kategorie gehört zu den am schnellsten wachsenden Segmenten. Für jede Kundenkategorie gibt es eine Budgetalternative, da Konsumenten auch preiswertere Angebote verlangen. Exklusive Designer aus dem hochpreisigen Segment wie Stella McCartney, Karl Lagerfeld oder Rei Kawakubo entwarfen bereits Kollektionen für H&M. Designer wie Isaac Mizrahi, Proenza Schouler oder Alexander McQueen gestalteten Kollektionen für die amerikanische Handelskette Target und dessen Label Go International.

Die Händler in diesem Segment müssen günstige Kleidung in schnellem Wechsel anbieten, was dem Begriff „sich nach der Saison kleiden" eine neue Bedeutung verleiht, denn preiswerte Materialien und trendige Schnitte haben nur eine kurze Lebensdauer. Zunehmend rücken die schlechten Arbeitsbedingungen in den Fertigungsbetrieben ins Blickfeld; man versucht, die Kostenvorgaben der Händler zu erfüllen. Herbe Kritik muss die Bekleidungsindustrie auch dafür einstecken, Unmengen an „Wegwerfkleidung" und billigen Stoffen, deren Produktion der Umwelt schadet, auf den Markt zu bringen.

▷▷ **Lässiger Military-Stil** Unkomplizierte Silhouetten, Stoffe wie Denim und Twill und witzige Details und Farbkombinationen verleihen dieser Juniorkollektion ein lässiges Flair. Die Material- und Herstellungskosten dürfen dafür nicht zu hoch liegen, und die Entwürfe müssen eine junge, aktive Zielgruppe ansprechen.

▷ **Probeaufnahmen** Diese Marke aus dem Contemporary-Segment wirbt mit suggestiven Fotos um ihre jugendlichen Kunden. Für solche Kampagnen werden oft Stars als Imageträger eingesetzt, um von deren großen Fangemeinden zu profitieren.

LEKTION 5
Modesaisons

Die Modebranche unterteilt das Jahr mittlerweile in sechs Saisons: Übergang/Pre-Fall, Herbst, Winter, Vorfrühling, Frühjahr und Sommer.

Herbst und Frühjahr sind die wichtigsten Saisons mit den größten Kollektionen, wogegen die Zwischenkollektionen weniger umfangreich sind. Im hochpreisigen Segment beschränkt man sich wegen der arbeits- und kostenintensiven Produktion auf wenige Auslieferungtermine. Im preiswerteren Segment werden dagegen oft alle zwei Wochen neue Modelle ausgeliefert, um die Kunden zum Kauf zu verlocken. Die Lieferungen werden meist gleichzeitig im Laden präsentiert, sodass Designer auf harmonierende Stoffe und Farben achten müssen.

△ **Herbstwald** Braun, Ocker, Elfenbein und Kastanie verleihen den Stoffen einer Herbst-Winter-Kollektion eine warme, behagliche Note. Auch dunklere Farben passen gut in diese Saison.

△ **Aquarellblüten** Frühjahrs- und Sommerkollektionen zeigen oft Primärfarben und satte Töne. Die Natur stand Pate für dieses Farbschema: Neben Weißtönen dominieren die Farben von Blüten, die Bezug nehmen auf die warme Jahreszeit.

ÜBERGANG/PRE-FALL
- Kleine Übergangskollektion, die den Kunden auf die Herbstkollektion einstimmen soll. Klassische Farben sind Brauntöne, Kürbis, Olivgrün, Beerentöne, Aubergine, Rostbraun und Ocker.

HERBST *ab September im Handel*
- Die klassischen Farben sind Grau, Schwarz und Taupe, ergänzt um Trendfarben.
- Die Stoffe sind dem Wetter entsprechend wärmend und von eher schwerem Gewicht.

WINTER *ab November im Handel*
- Kleinere Zwischenkollektion
- Klassische Farben sind Schwarz, metallische Töne, Champagner und Edelsteinnuancen.
- Die Materialien sind im Hinblick auf die Festtage meist elegant, z. B. Samt, Spitze und Satin.
- Maschenwaren spielen jetzt als Geschenkartikel eine wichtige Rolle, insbesondere aus edlen Garnen wie Angora, Chenille oder Kaschmir.

VORFRÜHLING *ab Dezember/Januar im Handel*
- Kleine Zwischenkollektion, meist zur Einstimmung auf die Frühjahrskollektion
- Leuchtende Farben und Pastelltöne sollen Kunden zum Kauf animieren, die das Frühjahr sehnsüchtig erwarten.
- Bade- und Frühjahrsmode werden oft schon für jene Kunden angeboten, die einen Urlaub in wärmeren Gefilden planen.

FRÜHJAHR *ab Februar im Handel*
- Umfangreiche Kollektion, die eventuell in mehreren Etappen ausgeliefert wird. Der Schwerpunkt liegt angesichts der Temperaturschwankungen auf Mode, die in Schichten getragen werden kann.
- Die Silhouetten sind Übergangsmodelle aus leichteren Materialien wie Baumwollstoffen oder Seidenstrick; hellere Farben geben den Ton an.

SOMMER *ab April/Mai im Handel*
- Heitere Farben, Stoffe und Muster
- Die Silhouetten sind im Allgemeinen legerer, unkomplizierter und weniger geschichtet als in den anderen Saisons.

LEKTION 6
Kundenprofile: Lebensstil

Jeder Designer hat ein bestimmtes Publikum. Eine Charakterisierung des Kunden sorgt für zielgerichtetes Arbeiten und stimmige Kollektionen.

Entwickeln Sie eine Geschichte zu Ihrem Kunden, um seine Persönlichkeit klar zu definieren. Auf dieses Bild können Sie sich bei der Auswahl von Stoffen, Farben und Mustern beziehen. Es kann zudem die Entscheidungen für Silhouetten, für das Merchandising und sogar für den Einsatz Ihrer Entwürfe beeinflussen: Was für den einen Kunden Abendgarderobe darstellt, kann für den anderen Tagesmode sein.

Profil A:
Die erfolgreiche Galeristin

Eine verheiratete Frau im Alter von 35 Jahren, die in einer Kunstgalerie Werke bedeutender zeitgenössischer Künstler verkauft. Sie hat ein hohes Einkommen und lebt in einem frisch renovierten Loftgebäude in Chelsea, New York City, gemeinsam mit ihrem Mann, einem Vice President im Finanzwesen. Sie sieht gern Independentfilme und besucht oft Tanzvorstellungen mit Choreografien von Mark Morris oder Martha Graham. Sie reist in erster Linie, um fremde Kulturen kennenzulernen, und weniger, um in einem Spa-Hotel oder Badeort zu entspannen. Sie hält stets Ausschau nach innovativem Design und vor allem auf ihren häufigen Reisen, bei denen sie weltweit in Metropolen nach neuen Künstlern sucht, wird sie oft fündig. Ihre Garderobe ist größtenteils auf das professionelle Auftreten im Berufsleben ausgerichtet, hat aber eine sehr individuelle Note. Sie trägt gern Modelle von Yohji Yamamoto, Comme des Garçons und Rick Owens, da sie deren unkonventionelle Schnittkonstruktionen und modellierte Silhouetten schätzt.

Fragen zum Lebensstil
Nutzen Sie diese Fragen als Leitfaden bei der Erstellung eines Kundenprofils.

GRUNDLEGENDES:

Alter?

Tätigkeit? Position?

Wohnort? Seien Sie genau: Der Kunde lebt z. B. nicht einfach in New York City, sondern in einem bestimmten Viertel. Urbane Stadtviertel haben oft ihre ganz eigene Bevölkerungsstruktur und ein charakteristisches Flair.

Single oder verheiratet? Kinder?

Bildungsniveau? Hochschulstudium? Wenn ja, welcher Studiengang?

VORLIEBEN:

Lieblingsfilme?

Bevorzugte Urlaubsform? Bevorzugte Ziele?

Lieblingsrestaurants?

Zeitschriftenabonnements?

Lieblingskünstler und/oder -kunstrichtungen?

Lieblingsmusik? Lieblingsbands?

Andere favorisierte Designer?

Bei der Beantwortung der Fragen werden Sie erkennen, dass eine klare Vorstellung von einem Kunden zur Entwicklung einer zielgerichteten Kollektion führt.

▷ **Modellierte Silhouetten** Das Tragen von auffallenden Kreationen verlangt Selbstbewusstsein, was auf ein besonderes Kundenprofil schließen lässt. Kräftige lineare Muster in Kombination mit organischen Formen betonen den eigenständigen Charakter dieser Kollektion.

LEKTION 6 KUNDENPROFILE: LEBENSSTIL 27

◁ **Zuckerwerk-Konfektion** Zarte, kunstvoll gemusterte Strickkreationen in neutralen Farben haben eine weiche, feminine Ausstrahlung. Der Designschwerpunkt liegt angesichts der konventionellen, tragbaren Silhouetten auf den komplexen Strickmustern.

Profil B:
Studentin und Praktikantin bei *Teen Vogue*

Sie ist Single, 21 Jahre alt, Praktikantin bei der *Teen Vogue* in New York City und studiert Journalismus an der Columbia University. Die Zielkundin hat zwar wenig Geld für den Kauf von Kleidung zur Verfügung, ist aber modebewusst und stylt sich gern. Sie ist jung und ein eher femininer Typ, mag Liebeskomödien und Filme mit Kate Winslet. Sie beneidet ihre Mutter um ihre Garderobe, in der sich unvergessliche Klassiker wie etwa von Ossie Clark und Halston finden. In ihrer Freizeit trifft sie oft Freunde im Café um die Ecke, wenn dort die neuesten Underground-Bands spielen.

Ihr Stil ist typisch amerikanisch, weshalb ihr Funktionalität und Bequemlichkeit am wichtigsten sind. Ihre Lieblingslabel sind Marc von Marc Jacobs und A.P.C.: Bei beiden finden sich in der Regel schmale Schnitte sowie klassische Materialien und Farben; und ihre Modelle werden auch in künftigen Saisons noch als „trendy" gelten.

▽ **Nichts für Mauerblümchen** Extravagante Kombinationen von Texturen, Details und Farben sprechen für eine junge Zielkundin, die funktionelle Kleidung bevorzugt. Neuartige Stoffe und Proportionen stehen für ein spezielles Lebensgefühl.

LEKTION 7
Werbung analysieren

Warum bleibt man einer bestimmten Marke treu? Warum wollen wir einem bestimmten Modeclan angehören? Warum bevorzugen Sie den schlichten schwarzen Anzug eines bestimmten Designers?

Werbung ist für Modeschöpfer das einfachste Mittel, um ihre Vision zu präsentieren. Sie zielt darauf ab, dass die Konsumenten Teil jener imaginären Welt werden möchten. Bei Mode geht es häufig um Assoziationen. Die Kleidung, die wir für uns wählen, symbolisiert einen bestimmten Lebensstil, den wir pflegen (oder gern pflegen würden), sie vermittelt einen ersten Eindruck. Mode ist nonverbale Kommunikation.

Die grundlegenden Kenntnisse zur Analyse von Werbung helfen dabei, ein größeres Gespür für die Persönlichkeit Ihres Kunden zu entwickeln, um darauf verstärkt eingehen zu können. Wenn Sie wissen, auf welche Weise Werbefachleute ein Model, das Styling und die Beleuchtung einsetzen, warum sie bestimmte Requisiten, Kulissen und andere Attribute wählen, dann sind Sie in der Lage, vielseitiges Design zu gestalten und dieses sogar als Instrument zu begreifen, mit dem man Problemlösungen finden kann.

Bei der Definierung Ihres Kundenprofils sollte Ihnen bewusst sein, dass manche Ihrer Entscheidungen, die die Kommunikation Ihrer Vision betreffen, von Ihrer Zielgruppe bestimmt sein werden. Manche Kunden benötigen sehr viele Informationen, um sich die Gedankenwelt des Designers vorstellen zu können, andere bevorzugen eine eher abstrakte, künstlerische Präsentation.

LEITFADEN ZUR ANALYSE VON MODEWERBUNG

Welche Kulisse/Location wurde gewählt?

Auf welche Weise wird die Botschaft durch die Umgebung verstärkt?

Welche Requisiten wurden verwendet? Was kommunizieren sie?

Schätzen Sie Alter, Pose und Haltung des Models ein.

Studieren Sie die Beleuchtung und deren Positionierung. Auf welche Weise betont sie die Stimmung?

Welchen Blickwinkel hat der Betrachter/die Kamera?

Achten Sie auf Tages- und Jahreszeit: Lassen sie sich genau bestimmen oder nicht? Warum?

Wird eine Geschichte erzählt? Welches Licht wirft das auf den Betrachter?

Sind weitere Models oder „Charaktere" zu sehen, und welche Bedeutung haben sie? Spielen sie eine Rolle für die Geschichte? Welche?

Studieren Sie die Bildkomposition, was sagt sie über die Zielgruppe aus?

In welcher Publikation erscheint die Anzeige? Wen spricht sie an?

Wiederbelebung einer Marke

Der Erfolg der hier gezeigten Burberry-Reklame beruht zum Teil auf der Beziehung, die sie über die Situation, den Maßstab und Standort zum Betrachter herstellt. Die dargestellte Straßenszene fügt sich nahtlos in die städtische Umgebung des Betrachters ein und lässt ihn Teil des abgebildeten Ereignisses werden. Die lebensgroße Darstellung des Models verstärkt diesen Effekt, denn es scheint sich inmitten der Betrachter auf der Straße zu befinden.

Die Schwarz-Weiß-Fotografie assoziiert Klassik und Tradition – wie ein beliebter Filmklassiker –, während Alter, Pose des Models und seine Platzierung im Vordergrund das Bild der jugendlichen, selbstbewussten Kundin vermitteln. Status und Prestige der Limousine im Hintergrund werden indirekt auf die Marke Burberry übertragen: Die optische Verknüpfung von Model und Rolls-Royce symbolisiert Besitz, was wiederum mit Wohlstand assoziiert wird und unterschwellig vermittelt, dass vermögende, modische Menschen Burberry wählen. Das charakteristische Burberry-Karomuster, das ähnlich einem Logo die Marke kommuniziert, ziert Regenschirm, Schal und Parfumflakon, was ihm große Aufmerksamkeit sichert.

Die A-Linie der Silhouette, die durch die Pose des Models entsteht, sowie die diagonale Ausrichtung des Wagens halten den Blick des Betrachters in Bewegung, was die dynamische, jugendliche Ausstrahlung für den Kunden verstärkt und die Markenidentität unterstreicht.

Die Jagd nach einem Traum

Das lässige Image der Zweitlinie D&G von Dolce & Gabbana kommt in dieser Reklame deutlich zum Ausdruck. Sie erinnert an den Stil von bestimmten amerikanischen Künstlern, die während und nach dem Zweiten Weltkrieg für die Werbebranche arbeiteten. Das militärische Leben wird in dieser Werbung durch stark stilisierte Models und eine statische Bildkomposition romantisierend dargestellt.

Der Schwerpunkt „Denim" wird durch Indigotöne und die Schiffsszenerie verstärkt, die an Arbeitskleidung erinnern sollen. Rote Akzente vervollständigen die patriotische Farbgebung von Rot, Weiß und Blau.

Die Models sind etwa gleich alt und vermitteln eine eher idealisierte Männlichkeit und Personifizierung des militärischen Lebensstils. Dieser Eindruck entsteht durch die offensichtlich gleichgültige Haltung der Männer, die an Bord des Kriegsschiffs ungeachtet der militärischen Pflichten faulenzen, lesen und tagträumen. Das Fehlen einer aktiven Erzählhandlung lenkt die Aufmerksamkeit des Betrachters verstärkt auf die dargestellte Mode. Ein zu dominanter thematischer Rahmen würde lediglich die beworbenen Produkte in den Hintergrund drängen.

Die kreisförmige Komposition hält den Blick in Bewegung, sodass alle Kleidungsstücke im Detail betrachtet werden können. Inszenierung, Stimmung und Idealisierung laden den Betrachter dazu ein, Teil des Fantasiebilds zu werden und sich von der Kollektion zu überzeugen, unabhängig vom tatsächlichen Bezug der Kleidung zum Militär.

KAPITEL 2

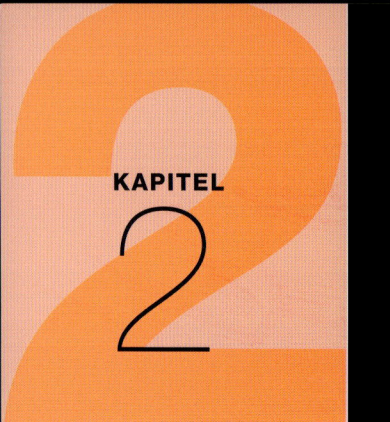

Design – Grundlagen

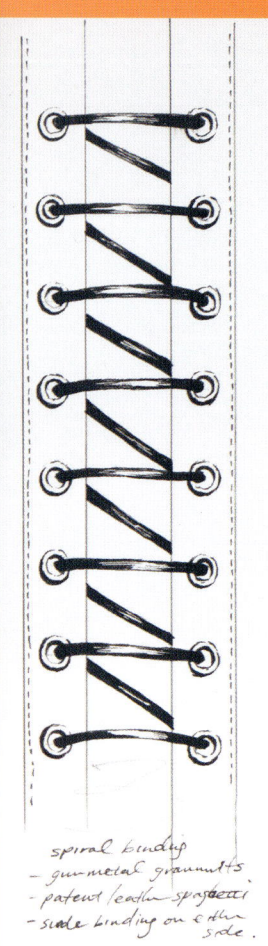

Für eine erfolgreiche und produktive Designarbeit sind umfangreiche und aussagekräftige Referenzmaterialien entscheidend. Auf welche Weise Sie Recherchen betreiben und wie Sie mit diesem Material arbeiten, bleibt Ihnen überlassen. Als Berufsanfänger sollten Sie experimentieren und sich möglichst vielen Einflüssen aussetzen, um herauszufinden, was Ihre Kreativität am meisten anregt. Ob Straßenkultur, Museen und Galerien, Architektur, historische Kleidung, Technologie, fremde Kulturen oder Geschichten aus Literatur und Film, überall warten Ideen darauf, genauer untersucht und in Modedesign umgesetzt zu werden.

In diesem Kapitel beschäftigen wir uns mit wichtigen Recherchefeldern von Modedesignern und damit, wie sie zur Entwicklung einer einzigartigen Vision beitragen können. Beim Aufbau einer Kollektion müssen Sie mit Farbe, Muster, Stoff und Silhouette umgehen können, um eine Stimmung und eine vermarktbare Zusammenstellung zu kreieren. Dabei sollten Sie Kontinuität im Design und einen ausgeprägten Standpunkt bewahren.

△ ▷ **Blick für Details**
Designer achten darauf, dass jedes kleine Detail mit der Ästhetik der Kollektion übereinstimmt.

▷ **Farbkategorien**
Farbpaletten verdeutlichen Inspiration, Stil des Kunden, Saison sowie die Designkategorie.

· collection palette ·

· traditional chic palette ·

· lounge/casual palette ·

◁ **Stimmiges Design** Sorgfältige Recherche und ein klar definiertes Motiv sind Basis für eine zielgerichtete Kollektion. Diese Kollektion wird durch Farbakzente in unterschiedlicher Größe, Ausführung und Platzierung verbunden.

△ ▷ **Ausgestaltete Silhouetten** Die schlichten vertikalen Silhouetten lenken den Blick auf die aufwendigen Muster und die Proportionen.

LEKTION 8
Recherche

Inspirationen finden sich durch planmäßige Recherche oder durch Zufall. Für die Entwicklung frischer Ideen ist es unabdingbar, Material zu sammeln und in Buchform zusammenzustellen.

Primäres Recherchematerial

Dieses Material hat der Designer selbst gesammelt und aufbereitet. Es können Eindrücke von Kunstwerken in einem Museum sein oder Skizzen historischer Gewänder. Auch Möbeldesign oder wissenschaftliche Darstellungen von Pflanzen und Tieren können inspirierend wirken und Details, Ideen, Formen, Farben oder Texturen beeinflussen. Aus all den zusammengetragenen Informationen speisen sich die Vorstellungskraft und der Gestaltungsprozess eines Designers.

Sekundäres Recherchematerial

Diese Informationen wurden für den Designer zusammengetragen und aufbereitet, z. B. im Rahmen der Trendprognose eines Unternehmens oder einer Modezeitschrift, die mehrere Beispiele anderer Designer enthält, die auf ähnliche Informationen und Inspirationen aufbauen. Interpretationen wichtiger Farben, Stoffe, Texturen und Stildetails werden vielleicht von verschiedenen Designern verwendet und betont, sodass sich grundlegende Trends und Ideen herauskristallisieren.

▷ **Kulturelles Zentrum**
Museen wie das Londoner Victoria & Albert Museum sind unerschöpfliche Inspirationsquellen. Nicht nur die Kunst, auch das Gebäude selbst kann anregend wirken.

▷ **Künstlerische Freiheit**
Eine Mindmap gibt dem Designer einen Überblick zu seinem Thema: So kann er eine Inspiration mit anderen Themengebieten tiefergehend verknüpfen. Halten Sie einfach Wortassoziationen und Gedankenketten schriftlich fest, um herauszufinden, welche weiteren Themen untersucht werden können.

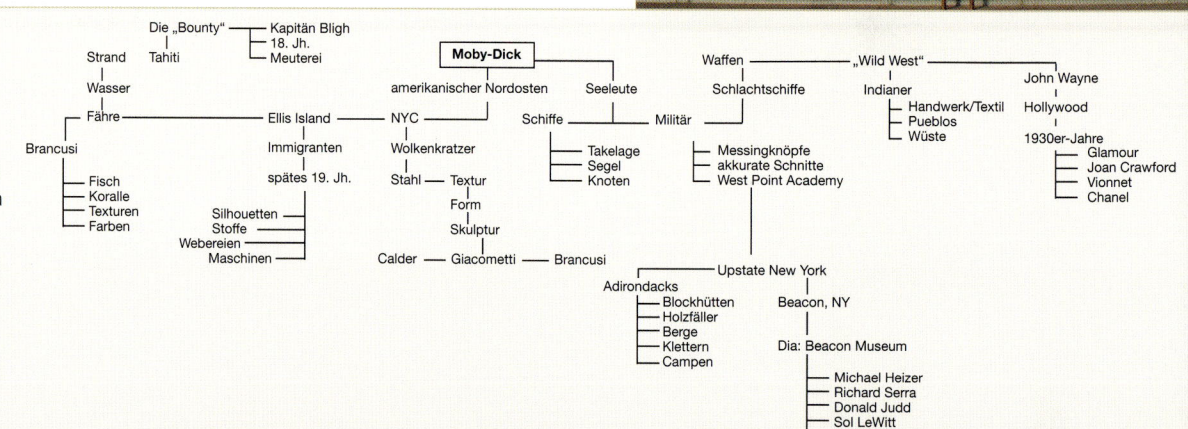

◁ △ **Feldforschung** Durch den Besuch von Modegeschäften erhalten Designer zahlreiche Informationen zu Schnittkonstruktionen, Stoffen, Trends, Verbraucherverhalten, Designdetails und Vermarktung. Es ist auch wichtig, vor dem Entwerfen einer Kollektion zu überprüfen, was sich gerade besonders gut bzw. schlecht verkauft.

▷ **Abstraktionen** Bei der Recherche arbeiten Designer mit einem zentralen Ausgangsthema, von dem weitere Ideen ausstrahlen können. Philip Treacys ausdrucksstarke Hutkreationen sind oft Abstraktionen von unterschiedlichsten natürlichen Formen, Farben und Texturen.

▽ **In Rosen gehüllt** Die aufwendige Seidenkreation mit den kompliziert geschichteten Ärmeln von Alexander McQueen ahmt die Blütenblätter einer dicht gefüllten Rose nach (Herbst/Winter-Kollektion 2008).

Das Inspirationsbuch: die weite Welt

Für einen Designer ist es aus vielen Gründen vorteilhaft, ein visuelles „Tagebuch" zu führen. Wenn Sie inspirierende Materialien in einem Buch ordnen, können Sie schnell darauf zurückgreifen, und eine gute Materialsammlung kann wiederum zu neuen Recherchen und Ideen inspirieren (siehe Mindmap S. 32–33). Das Buch ermöglicht auch, die eigene Intuition über einen längeren Zeitraum zu analysieren und den eigenen Stil zu erkennen.

Als Inspirationsquelle für Modedesign eignet sich einfach alles – von diesem Gedanken sollten Sie sich leiten lassen, wenn Sie Ihrer Sammlung neue Materialien hinzufügen. Bilder von Kunstwerken, Architektur, Möbeln oder Interiordesign, Urlaubsfotos, Stoff- oder Tapetenmuster, Ergebnisse kreativen Schreibens, spontane Skizzen z. B. aus einem Café, Farbbeispiele aus Zeitschriften oder Farbkarten aus dem Baumarkt, Fotos von Kleiderdetails, Bilder von Sticktechniken mit Garn oder Perlen, von Texturen, ja sogar der Gesichtsausdruck eines Models können zu einem ergiebigen Materialfundus beitragen und als Arbeitsgrundlage dienen. Immer wenn Sie etwas entdecken, was in Ihnen eine starke kreative Reaktion auslöst, dann nehmen Sie es in Ihr Buch auf.

Das Inspirationsbuch ist sozusagen das „Lager" für Rohmaterial, aus dem Sie sich bedienen, um durchdachtere, klar umrissene Themen auszuarbeiten, auf denen Sie Ihre Designideen aufbauen.

Sammeln Sie Bildmaterial zunächst lose, um dieses vor dem Einkleben zu sortieren und für eine bessere optische Gliederung zu Themen- und Ideenbereichen zusammenzustellen.

LEITGEDANKEN FÜR EINE INSPIRATIONSSAMMLUNG

- Wie finde ich ergiebige und abwechslungsreiche Materialien?
- Welche Quellen liefern mir vielfältiges Material?
- Wie kann mein Designstil durch Seitenlayout und Komposition zum Ausdruck gebracht werden?
- Erschließt meine Materialsammlung meine Botschaft auch einem fremden Betrachter?
- Stimuliert das Material meine Kreativität ausreichend?
- Wie kann ich das Material durch Aufbereitung klarer ausrichten?
- Eröffnen mir die Rechercheergebnisse neue Forschungsfelder?
- Gibt es in meiner Bildauswahl wiederkehrende Themen/Motive?

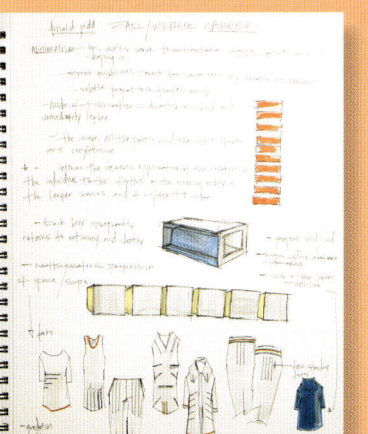

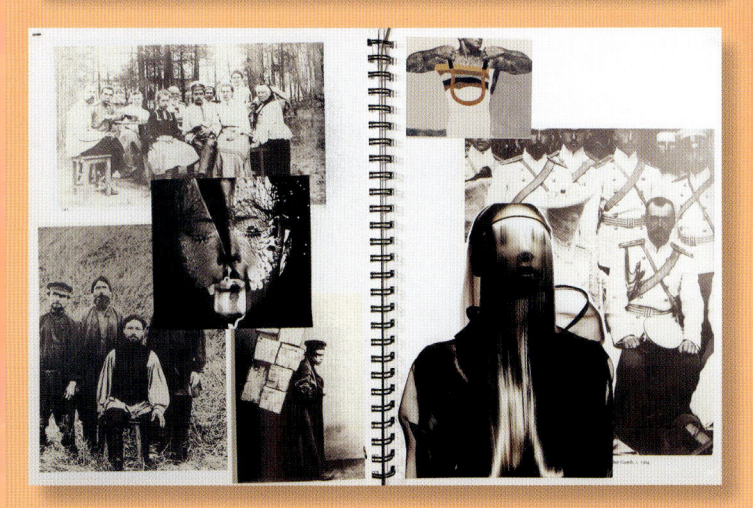

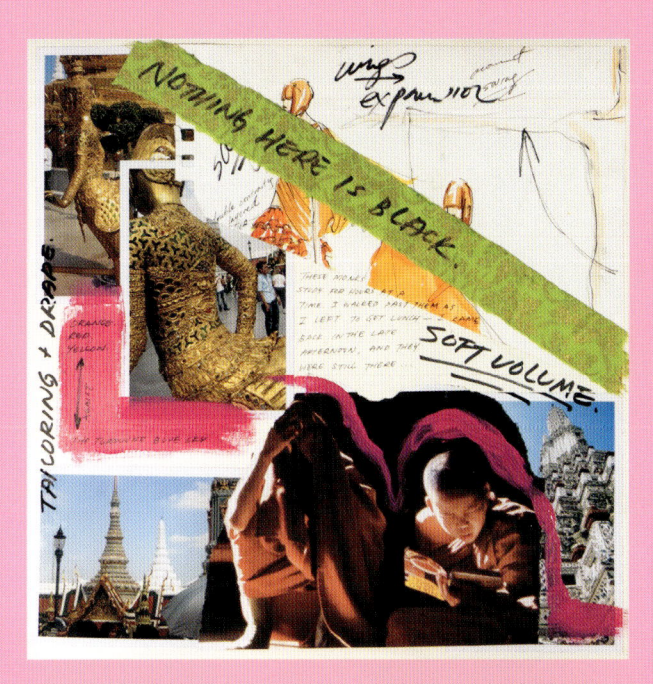

◁ △ **Sammelsurium** In Inspirationsbüchern wird alles gesammelt, was eine kreative Reaktion auslöst. Stellen Sie die gesammelten Bilder vor dem Einkleben nach Kontext zusammen, damit jede Seite eine gewisse Stimmung und Richtung zum Ausdruck bringt.

KAPITEL 2 DESIGN – GRUNDLAGEN

LEKTION 9
Gestalterische Erwägungen

Stimmigkeit von Motiv, Silhouette und Stoff verleihen einem Design Klarheit und Entschlossenheit – es gibt unterschiedliche Wege, um dieses Ziel zu erreichen.

Motiv

Das Motiv ist das wiederkehrende Element in einer Kollektion, das hilft, die einzelnen Kreationen optisch zu einen, und zudem liefert es dem Betrachter ein erzählerisches Element. Das kann eine bestimmte Form, ein Konzept oder ein technisches Detail sein. Designer arbeiten gern mit verschiedenen Variationen eines Motivs, um Redundanz und Monotonie in der Kollektion zu vermeiden.

Ein kunstvoller Schmetterlingsflügel, maurische Fliesen, Henri Matisses Scherenschnitte oder die Architektur von Zaha Hadid sind Beispiele für Motive, die aufgrund ihrer Formenvielfalt und der entsprechenden Farbpaletten eine Fülle an Umsetzungsmöglichkeiten bieten.

Farbe

Farbe bestimmt oft den ersten Eindruck Ihrer Kollektion. Farbe ist emotional und kann Stimmung und Botschaft ausdrucksstark darstellen. Welche Gefühle weckt der Anblick von Claude Monets zarten Pastelltönen in Ihnen oder die satten leuchtenden Farben von Henri Matisse? Künstler nutzen von jeher Farben, um Emotionen zu vermitteln – Designer ebenfalls. Studieren Sie Kunstwerke verschiedener Epochen im Hinblick auf den vielfältigen Einsatz von Farbe.

▽ **Motivrhythmus** Das Motiv dient als Basis für einen Entwurf und ist das verbindende Element einer Kollektion. Die geschwungenen und linearen Elemente dieser Kollektion variieren in Anordnung, Maßstab und Material sowie durch zwei- und dreidimensionale Details.

Methoden zum Einsatz von Form als Motiv

2-D
- Gestaltung der Nähte
- Strickmuster, Struktur oder Intarsien
- Druckdessins, flächig oder als Einzelmotive
- Stickereien
- Gestaltung mit Perlen
- Einsätze
- Zierstoppereien
- Steppnähte

3-D
- Silhouette
- Formen von Taschen und Taschenklappen
- Kragen und Revers
- Applikationen
- Saumformen
- Design von Manschetten und Blenden
- Positive und negative Formen: Ausschnitte und Öffnungen
- dekoratives Zubehör (wie Knöpfe oder Zuglaschen an Reißverschlüssen)
- Accessoires

Manche Designer wie Dries Van Noten oder Marni arbeiten mit eher schlichten Formen als Ergänzung zu ihren fantastischen Farbgestaltungen. Andere wie Francisco Costa bei Calvin Klein nutzen eine zurückhaltende Farbpalette, um die Schnittkonstruktion und die Details der Kreationen zu betonen. Designer wie Rei Kawakubo oder Yohji Yamamoto wiederum bleiben stets einer Farbpalette (Schwarz und Weiß) treu, um ihre Botschaft zu fokussieren, sich mit Innovationen auseinanderzusetzen und sich künstlerisch weiterzuentwickeln.

An Abendkleidung lässt sich oft gut erkennen, wie aus Stoff, Farbe und Silhouette Harmonie entsteht. Ein Designer wählt z. B. einen Stoff, der vollständig mit verschiedenfarbigen Perlen bestickt ist und sich gut für ein schlichtes schmales Kleid eignet, denn im Mittelpunkt stehen hier Textur und Design des Stoffs. Ein anderer bevorzugt vielleicht nur schwarzes Material: Dieser Stoff ist wie eine leere Leinwand, sodass die Silhouette des Kleids auffälliger gestaltet sein darf. Ein Fehlgriff wäre es, das perlenbestickte Material zu einem Kleid mit aufwendiger Silhouette zu verarbeiten, weil dann Farbe und Schnitt rivalisieren. Entscheiden Sie sich: Wenn die Farbe im Mittelpunkt stehen soll, setzen Sie die Silhouette nur unterstützend ein oder umgekehrt.

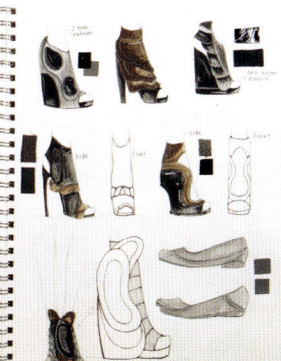

△ ▷ ▽ **Verselbstständigung von Formen** Organische Strukturen und Formen aus der Natur und der Kunst bilden den Ausgangspunkt für die Gestaltung dieser Accessoires. Durch die Vermeidung allzu konkreter Interpretationen entstanden raffinierte Kreationen für die urbane Kundin.

ZUR VERWENDUNG VON MOTIVEN

- Variieren Sie die Größe des Motivs von einem Look zum nächsten.
- Platzieren Sie Motivbezüge an verschiedenen Körperstellen, um den Blick des Betrachters zu lenken.
- Führen Sie ein Motiv in unterschiedlicher Farbgestaltung aus, z. B. mit Kontrastfarben (wie ein mehrfarbiges Druckdessin) oder Ton in Ton (wie Applikationen aus demselben Stoff).
- Stellen Sie das Motiv mittels verschiedenartiger Textur dar, z. B. mit eingestrickten Mustern.
- Motive können nicht nur als ausgefüllte Formen, sondern ebenso mit Konturlinien dargestellt werden, z. B. bei Druckdessins.
- Erfinden Sie neue Möglichkeiten zur Verwendung eines Motivs, um dem Design Ihrer Kollektion Ausdruck zu verleihen.

STIMMUNG UND FARBE

Erkunden Sie Ihr Verständnis von Farbe bei der Betrachtung von Kunst:

- Welches Gefühl weckt der Anblick des Kunstwerks in Ihnen?
- Welche Farbskala liegt zugrunde, und weckt diese Ihre Emotionen?
- Vermittelt der Maßstab des Kunstwerks eine gewisse Stimmung?
- Würde eine andere Farbpalette mit anderen Zusammenstellungen die Stimmung verändern? Wäre die Wirkung plakativ oder nuanciert?
- Was möchte der Künstler mit Farbe und was mit Form ausdrücken?
- Wie würde sich die Stimmung verändern, wenn die Farben anders aufgetragen wären? Wäre die Wirkung strenger oder spontaner?
- Würde sich Ihre Empfindung verändern, wenn das Kunstwerk doppelt oder halb so groß wäre?

Textur und Form

Für die gelungene Verknüpfung von Inspiration, Design und Ästhetik ist eine gut geplante Stoffpalette entscheidend. Stoffe sind das Gerüst einer Kollektion, ob als bloße Stütze für die Silhouetten der Modelle oder als erste „Stimme" des Designs.

Ausgewogene Kollektionen umfassen eine kontrastreiche Auswahl an Stoffgewichten und -texturen. Diese Vielfalt ermöglicht Silhouetten, die von streng geschnittenen und strukturierten bis zu fließenden, organischen Varianten reichen. Unterschiedlich schwere Stoffe strukturieren auch die Präsentation auf dem Laufsteg, wenn zunächst die strenger geschnittenen, monochromen Modelle gezeigt werden, gefolgt von texturierteren, plastischeren Looks und schließlich zum Ende als Ausrufezeichen die Cocktail- und Abendmode folgt, die dem Publikum mit Glanz oder außergewöhnlichen Silhouetten, Farben, Texturen oder einer Kombination aus all diesen Elementen den Atem verschlagen soll.

Stoff und Silhouette sollten in einem Design nie gleichrangig eingesetzt werden und miteinander rivalisieren. Achten Sie darauf, dass entweder der Stoff oder die Silhouette dominiert, während das andere Element eine unterstützende Rolle spielt.

△ **Gestrickte Drapierungen** Strickstoffe wurden hier zur Probe gelungen drapiert. Für die Wirkung der Silhouette und der Proportionen ist es unabdingbar, Textur und Muster von Stoffen maßstabsgetreu zu überprüfen.

LEITLINIEN FÜR DIE ARBEIT MIT STOFF

- Variieren Sie Stoffgewichte und/oder -texturen innerhalb jeder eigenen Kategorie der Kollektion.
- Arbeiten Sie mit einer Auswahl einfarbiger, gemusterter und bedruckter Stoffe.
- Stellen Sie sicher, dass die Stoffmengen ausreichen. Arrangieren Sie die Stoffe dann in der Reihenfolge des Line-ups, um Farbe und Textur, Rhythmus und Ausgewogenheit zu beurteilen.

△ **Texturkontraste** Statt aufwendiger Farbkombinationen sorgt hier eine Vielfalt an Textur, Gewicht und Muster für eine dynamische Wirkung. Das Streifenmotiv durchzieht die Stoffpalette in unterschiedlichen Texturen.

Die wichtigste Regel für die Arbeit mit Stoff und Form lautet, einen Stoff nie in eine Form zu zwingen. Respektieren Sie seinen Charakter, und betonen Sie seine guten Eigenschaften: Für glänzendes Material wie Satin kreieren Sie z. B. Drapierungen, damit das Licht darauf spielen kann, für durchscheinende, leichte Stoffe wie Chiffon dagegen voluminöse Silhouetten, die den schwerelosen Charakter betonen. Rollen Sie den Stoff vom Ballen, bevor Sie entwerfen, um ein Gespür für sein Gewicht, seinen Fall und seine Eignung für bestimmte Schnitte zu entwickeln.

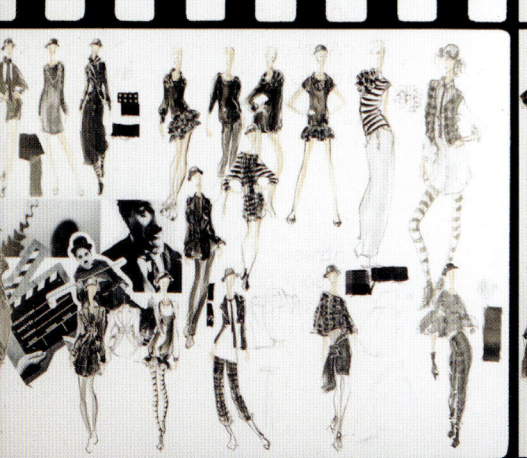

Beispiel einer Stoffpalette für eine Zwischenkollektion von sechs bis acht Looks bzw. Outfits:

- Zwei bis drei Mantelstoffe
- Zwei bis drei Anzug-/Jackenstoffe
- Zwei bis drei Hemden-/Blusenstoffe
- Zwei bis vier Strickstoffe
- Zwei bis vier außergewöhnliche Stoffe

◁ **Textiles Nebeneinander**
Eine Mischung unterschiedlicher Stoffgewichte und -texturen komplettiert die innovativen Silhouetten und die gelungene Präsentation der Modelle. Durch das Nebeneinander von Gewichten und Texturen entstehen Looks, die sich für verschiedene Anlässe eignen.

◁ **Verbindung von Gewicht und Form**
Diese Kollektion wurde aus der Stoffpalette links entwickelt – sie ist ein Beispiel für den gut geplanten Einsatz von Silhouetten, Mustern und der Anordnung der Stoffe. Entscheidend für die Umsetzung der gestalterischen Idee ist die Kombination verschiedener Stoffgewichte und Muster mit passenden Formen.

LEKTION 10

Einflüsse auf das Modedesign

Architektur, ethnische Stilelemente, historische Gewänder, Kunst, Natur oder Technologien können einen Designer beeinflussen.

Historische Mode

Zu den bekanntesten Inspirationen eines Designers zählt die Mode vergangener Zeiten: Ob Silhouette, Details, Stoffe oder Veredelungstechniken, ja sogar die kulturelle Geisteshaltung einer Epoche können den Anstoß zu einer Kollektion geben. In dem Abschnitt zur Geschichte der Mode (S. 12–13) wurde beschrieben, wie Entwicklungen und Umbrüche in der Gesellschaft Kleidungsstil, Silhouette, Stoffe, Farben, Tragbarkeit und selbst den Zugang zur Mode beeinflussten.

Zwei Faktoren machen historische Kleidung zur favorisierten Inspirationsquelle für das moderne Modedesign: die unmittelbare Übertragbarkeit des inspirierenden Elements, ob Farbe, Stoff oder Silhouette; sowie der Aspekt, dass sie meist keinerlei Bezug zur heutigen Mode hat, was insbesondere für die Zeit vor dem 20. Jahrhundert gilt. Dies ermöglicht es Designern, eine Epoche vollkommen neu und auf eigene Weise zu interpretieren. Wie würden z. B. so unterschiedliche Designer wie Prada und Ralph Lauren die überladene Zeit der Jahrhundertwende interpretieren? Welche Stoffe, Farben, Silhouetten oder Texturen würden sie wählen?

◁ **Design-Alchemie** Reminiszenzen an die Contessa di Castiglione, an Herrenbekleidung des 18. Jahrhunderts, an die Barockzeit und an Fallschirme verbinden sich zu diesem Look von Junya Watanabe. Einzigartiges Design entsteht aus der Beschäftigung mit unterschiedlichsten Einflüssen und Quellen.

PRAKTISCHE ERWÄGUNGEN

- Achten Sie auf die verschiedenen Stilrichtungen einer Epoche. In den 1960er-Jahren z. B. waren Cardins klare Linien und Formen sowie Courrèges „Weltraumzeitalter" populär, aber gleichzeitig auch die Hippie-Mode mit ihrer wilden Mischung an Mustern und Texturen.
- Suchen Sie in der jeweiligen Epoche nach den Elementen mit Symbolcharakter. Diese eignen sich oft dazu, die Stimmung für eine Kollektion vorzugeben (siehe Übung 3, S. 100–101).
- Achten Sie auf Gemeinsamkeiten zwischen verschiedenen Epochen und darauf, welche gesellschaftlichen Kräfte dahinterstanden. So ähnelt die Londoner Mode der 1960er-Jahre dieser der 1920er-Jahre, weil jeweils die Jugendkultur im Mittelpunkt stand. Knabenhafte Silhouette und eine legere Haltung waren für beide Jahrzehnte charakteristisch.
- Verlieren Sie nicht die heutigen Ansprüche und Kundenwünsche aus den Augen. Wenn Sie sich zu stark an den historischen Vorlagen orientieren, entsteht schnell eine Kollektion, die kostümhaft wirkt und den Kundenbedürfnissen nicht gerecht wird.

△ **Big-Band-Swing**
Aus Silhouetten von eins[t] kombiniert mit aktuellen Stoffen und Techniken, entsteht moderne Mode. Ein Designer darf auf eine bestimmte Epoche Bezug nehmen, doch eine allzu konkrete Interpretation wird den Kunden vermutlich nicht überzeugen.

PRAKTISCHE ERWÄGUNGEN

Achten Sie bei inspirierender Architektur auf konstruktive und konzeptuelle Faktoren:

Konstruktiv

- Welche Farbpalette herrscht vor?
- Wie werden Farbakzente eingesetzt?
- Welche Strukturen finden sich innen/außen, und wie beeinflussen sie sich gegenseitig?
- Woraus bestehen die Hauptmerkmale, worin die Details?
- Auf welche Weise wird Linie eingesetzt?
- Wie wird Linie eingesetzt, um Zwei- und Dreidimensionalität auszudrücken?
- Wie wird mit Formen gearbeitet, und in welcher Beziehung stehen sie zueinander?
- Wird Licht einbezogen bzw. ausgeschlossen?
- Welche Arten von negativen Formen gibt es?

Konzeptuell

- Spiegelt das Gebäude eine bestimmte Kultur wider?
- Welche Idee und Botschaft vermittelt es?
- Wirkt der Entwurf innovativ?
- Wie ist die Beziehung zwischen Form und Funktion?
- Was empfinden Sie innerhalb bzw. außerhalb eines Raums?
- Nimmt das Gebäude Stellung zur Gesellschaft, oder fordert es sie heraus?
- In welcher Beziehung steht das Gebäude zu seiner Umgebung? Fügt es sich ein?
- Inwiefern könnte das Konzept des Architekten als Konzept für eine Kollektion dienen?

Architektur

Die Architektur bietet Designern eine grenzenlose Fülle an Inspirationen, was Stilrichtungen, Epochen, Farben, Formen, Texturen, Konzepte und Zielsetzungen angeht. Das Spektrum reicht von Extremen wie dem Schloss von Versailles, Sinnbild des üppigen Barocks, das den wirtschaftlichen Erfolg Frankreichs symbolisieren sollte, bis zum Glass House des amerikanischen Architekten Philip Johnson, das eine Studie der reinen, geometrischen Formensprache darstellt und die Bauhaus-Lehre verkörpert. Ikonische Bauwerke stellen einen unverfälschten Blickwinkel des Architekten dar, der konkret oder konzeptuell in Mode umgesetzt werden kann.

▷ **Origami** Die steifen, doch leichten Seidenstoffe dieser aufregenden Silhouette erinnern an architektonische Formen, wobei die „Regenspritzer" für eine weiche Note sorgen. Kollektionen, die auf abstrahierten Inspirationen aufbauen, bewahren den unverwechselbaren Charakter der Handschrift des Designers.

▷ **Inspirierende Konstruktion** Dieser Wasserturm inspirierte zu der Kollektion unten: Die strenge Geometrie des Skelettbaus wird von der organisch geschwungenen Gesamtform des Bauwerks betont.

▽ **Lineare Verknüpfungen** Bei dieser Kollektion lenken keine Farben von der Schnittkonstruktion und den Formen ab. Die weißen Stoffe unterschiedlichen Gewichts und verschiedenartiger Textur lenken die Aufmerksamkeit auf die vielfältigen Interpretationen des linearen Motivs.

Kunsthandwerk

Handgearbeitete Objekte wurden oft als reine Zweckgegenstände geschaffen, doch es sind historische und kulturelle Artefakte mit großer Aussagekraft: Sie erzählen über die Epoche und die Gesellschaft, die sie hervorbrachte. Von den kunstvoll geflochtenen Körben und der bemalten Keramik der Indianer über das Mobiliar der Arts-and-Crafts-Bewegung des frühen 20. Jahrhunderts bis zu modernen Glasobjekten des 21. Jahrhunderts sind kunsthandwerkliche Objekte stets das Ergebnis von Geschick und künstlerischem Ausdruck – Fähigkeiten, die eine Gemeinschaft bereichern und helfen, sie zu definieren.

▽△ **Kohärenz schafft Klarheit**
Nichts verbindet eine Kollektion besser als ein vielfältig eingesetztes Motiv: Zu den wiederkehrenden Formen und Akzenten dieser Entwürfe inspirierten die Werke des Glasmalers Ludwig Schaffrath.

Traditionelles Handwerk, das sich in vielen Kulturen und Epochen wiederfindet:
- Korbflechten
- Weben und Textilkunst
- Töpferkunst
- Möbeldesign/-herstellung
- Metallarbeit
- Flechthandwerk
- Nadelarbeiten
- Glaskunst

PRAKTISCHE ERWÄGUNGEN

Machen Sie sich bei der Beschäftigung mit Kunsthandwerk bewusst, dass die Mode einer Epoche ihre zugehörige Gesellschaft widerspiegelt, denn alle gestalterischen Ausdrucksformen sind über den Zeitgeist miteinander verknüpft. So schlugen sich in den 1960er-Jahren die Entdeckungen der Weltraumforschung und die damit einhergehende Begeisterung im Mode- und Produktdesign in klaren Linien sowie organischen und schlichten Formen nieder.

Erwägen Sie Folgendes, wenn Sie Ihre Rechercheergebnisse in den Designprozess einbringen:

- Wie kann die Herstellungsweise des Objekts das Design beeinflussen?
- Wie können Farbe und Textur des Objekts die Stoffauswahl und -kombinationen vorgeben?
- Gibt es spezifische kulturelle oder gesellschaftliche Aspekte zur Inspirationsquelle, die den Designprozess unterstützen können?
- Wie können – falls es sich um ein kulturübergreifendes Handwerk handelt – die jeweiligen historischen und kulturellen Identitäten zu einer Innovation verschmelzen, die die Bild- und Formensprache neu definiert?
- Wie können die funktionellen Aspekte des Handwerks konzeptuell in die Designarbeit einfließen?
- Betrachten Sie den Handwerkszweig, aus dem das Objekt stammt: Hat dieser sich innerhalb einer bestimmten Kultur weiterentwickelt? Wie könnten die Ideen, die diesen Wandel auslösten, mit der Entwicklung Ihrer Kollektion verknüpft werden?

△ **Thematische Textilgestaltung** Grafische Vorlagen können zu Druckdessins, Texturen und Stoffgestaltungen inspirieren. Schöpfen Sie das Potenzial eines Motivs aus, indem Sie Proportionen, Farbbeziehungen, Stoffgewichte und -texturen variieren.

Ethnische Gewänder

Ähnlich wie historische Mode sind ethnische Trachten ergiebige Inspirationsquellen. Bei Gewändern, die in einer bestimmten Region und Gemeinschaft verankert sind, verbergen sich hinter dem Erscheinungsbild oft Bedeutungen, die Aufschluss über politische, religiöse oder soziale Zugehörigkeit geben. Auch innerhalb verwandter Kulturen tragen Gruppen spezifische Kleidung, um sich abzugrenzen und ihr Selbstbewusstsein zu demonstrieren.

Die „Kostüm"-Elemente ethnischer Kleidung wie die Rüstung der Samurai, die traditionellen tibetischen Gewänder oder der Körperschmuck indigener amazonischer Stämme bieten Designern eine Fülle von Anschauungsmaterial. Dieses kann Ausgangspunkt für individuelle Entwürfe sein, da die Vorlagen meist keinerlei Bezug zum aktuellen Modedesign haben. Somit kann ein Designer frei gestalten und etwas erschaffen, das seiner künstlerischen Identität und den Bedürfnissen seiner Kunden entspricht.

▷ **Die Geheimnisse der Eremitage**
Jean-Paul Gaultier, der seinen Entwürfen oft erzählerische Elemente durch ethnische Bezüge verleiht, betont die Themen der Saison gern mit extrem gegenständlichem Design.

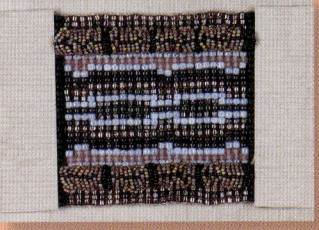

△ **Töne und Texturen**
Eine harmonische Farbpalette bildet die Basis für die Perlenverzierung, zu der die Samurairüstung inspirierte. Arbeitet man ohne extreme Farbkontraste, kann der Schwerpunkt auf auffälligen Proportionen, Silhouetten und Verzierungen liegen.

△ **Urbane Samurai** Die Mischung von direkt übernommenen und angedeuteten Rüstungselementen verleiht den Looks Ausgewogenheit. Die einheitliche Silhouette betont die nuancierten Farben, Designdetails und Stoffkombinationen.

PRAKTISCHE ERWÄGUNGEN

Konzentrieren Sie sich auf die charakteristischen und kulturspezifischen Merkmale eines ethnischen Kleidungsstücks, indem Sie Farbe, Texturen, Motiv und Silhouette studieren.

- Welchen Lebensstil führt man in dieser Kultur?
- Studieren Sie Alltagskleidung und Gewänder für besondere Zeremonien. Gibt es Besonderheiten hinsichtlich Gewicht und Textur der Stoffe?
- Achten Sie auf kulturell bedeutsame Farben und ihre Beziehungen. In welchem Umfang werden Farben eingesetzt? Eher plakativ oder nuanciert?
- Wird das Schönheitsempfinden der jeweiligen Kultur auch mit Druck- oder Webmustern und/ oder Stickereien zum Ausdruck gebracht?
- Wie werden Stoffe verarbeitet, gestaltet, verwendet? Gibt es spezielle Färbetechniken?
- Analysieren Sie Silhouetten und Schnitte.
- Betrachten Sie Verzierungen und Verschlüsse.
- Welche Accessoires gibt es, und welchen besonderen Zweck haben sie in dieser Kultur?
- Was macht dieses Gewand für die zugehörige Kultur so einzigartig und ikonisch?
- Wie können Sie gestalterische Elemente für den modernen Kunden abwandeln?
- Welchen Kundentyp würde eine abstrahierte bzw. eine konkretere Umsetzung ansprechen?
- Wird sich die ursprüngliche Funktion des Kleidungsstücks verändern, und inwiefern wird das den Gestaltungsprozess beeinflussen?

Mode von der Straße

Der Begriff Street Fashion wurde in den 1960er-Jahren geprägt, als Designer die besondere politische Stimmung der Zeit und die aktuellen gesellschaftlichen Veränderungen zum Ausdruck bringen wollten. Couturiers wie Yves Saint Laurent umwarben die jüngere Generation, indem sie erschwinglichere Prêt-à-porter-Kollektionen herausbrachten, die oft ursprünglich rein funktionelle Kleidung in einen neuen Kontext überführten; Beispiele dafür sind Saint Laurents charakteristische Safarihemden (siehe unten) und Cabanjacken. Da diese lässige Mode im Designer-Preissegment angesiedelt war und an Popularität gewann, fühlte sich die junge, modebewusste Generation nicht länger von der schichtenspezifischen, reglementierten Modewelt ihrer Eltern an den Rand gedrängt – sie konnte nun dagegen rebellieren.

Moderne Designer beziehen sich gern auf Street Fashion, um ihre jugendfixierte Klientel mit entsprechenden Ideen und Bildern zu verführen. Bedeutende Beispiele für Designermode, die von Straßenlooks inspiriert ist, sind Vivienne Westwoods Interpretationen der Punk- und New-Romantic-Bewegungen der 1970er- und 1980er-Jahre. Karl Lagerfeld frischte mit Anleihen aus der Rapkultur die klassische Chanel-Ästhetik auf. Auch Marc Jacobs bedient sich für seine verschiedenen Kollektionen gern bei der Straßenkultur: Seine berühmte Grunge-Kollektion Frühjahr/Sommer 1993 für Perry Ellis hatte seine Inspiration in der damaligen Musikszene Seattles und ist ein typisches Beispiel für den Versuch eines Modehauses, an eine junge Kultbewegung anzuknüpfen.

△ **Graffiti-Tagebuch** Diese Druckmotive sind von städtischen Graffitis inspiriert und haben biografische Bezüge: Jedes Motiv verkörpert ein anderes Familienmitglied des Designers. Silhouette und Konstruktion müssen hier schlicht ausfallen, um nicht mit den Druckdessins zu konkurrieren.

▷ **YSL Safari** Street Fashion spiegelt die zeitgeschichtliche, gesellschaftliche und kulturelle Stimmung wider. Als sich Yves Saint Laurent das Safarihemd für seine Kollektion aneignete, ebnete er damit den Weg für andere Modeschöpfer.

PRAKTISCHE ERWÄGUNGEN

Es ist wichtig, Einflüsse von der Straße nur als Anspielung zu verwenden. Sonst wird Ihre Kollektion möglicherweise wie eine Parodie Ihrer Inspiration wirken und nicht die aktuelle Mode und die Kundenwünsche widerspiegeln.

Einige Leitgedanken zur Beschäftigung mit Street Fashion:

- Denken Sie an Ihr Kundenprofil. Anklänge an die New-Wave-Bewegung der 1980er werden bei jemandem, der diese Ära miterlebte, nostalgische Gefühle auslösen, ganz im Gegensatz zu anderen, die in den 1980ern noch nicht einmal geboren waren.
- Finden Sie Elemente, die den Schauplatz und das Leitbild kommunizieren.
- Analysieren Sie Kontext und Zweck der Kleidung des jeweiligen Schauplatzes.
- Konzentrieren Sie sich auf den „Modeclan", der sich diesen Stil zu eigen machte, und analysieren Sie die Alterszusammensetzung.
- Wie kann die konkrete Umgebung dieser Gruppierung die Stimmung und das Design in Gestalt von Motiv, Druckdessins, Farbe, Textur und Stoffen zusätzlich bereichern?
- Wie können die Schlüsselelemente in den aktuellen Modekontext übertragen werden?
- Welche Ideale der Gruppierung können in Design umgesetzt werden?

LEKTION 10 EINFLÜSSE AUF DAS MODEDESIGN 45

△ **Steuerung, Alt, Entfernen** Das physische Design von Technologien kann zu Strickintarsien, Perlenstickereien und Stoffkombinationen inspirieren. Bei diesen Modellen für den Herbst/Winter variieren Farbe, Textur und Proportionen gekonnt, um den Blick des Betrachters zu lenken.

Technologie

Technologie beeinflusst das Modedesign in vielerlei Hinsicht. Durch neue Entwicklungen werden die Funktion von Kleidungsstücken sowie Herstellungsmethoden hinterfragt, was Designinnovationen bewirken kann. Technik scheint weit entfernt zu sein von Design, doch sie kann Mode auch in ästhetischer Hinsicht beeinflussen.

Es gibt viele Bezüge zwischen Mode und Technik, als Beispiel können sogenannte Smart Textiles genannt werden, Materialien, die eines Tages sogar in der Lage sein könnten, sich dem Wetter anzupassen. Weiterhin wäre Kleidung zu erwähnen, die tragbare Technologie enthält, oder neue Fertigungsmethoden wie der Laserzuschnitt. Technologie spielt eine Rolle in Konzepten und Inspirationen, welche die Conditio humana widerspiegeln, sowie bei der Entwicklung effizienterer, nachhaltigerer Produktionsmethoden.

Modeschöpfer wie Hussein Chalayan und Nicolas Ghesquière für Balenciaga nutzen Technologie und Futurismus häufig als Inspirationsquellen. Für die Balenciaga-Frühjahrskollektion 2007 erdachte Ghesquière eine Kombination aus Frau und Maschine. Auch Chalayan untersucht häufig die Interaktion von Mensch und Maschine sowie die Prozesse, die zwar Menschen erfanden, ihnen aber in vielerlei Hinsicht an Leistungsfähigkeit überlegen sind.

PRAKTISCHE ERWÄGUNGEN

Eine Frage, die sich ein Modedesigner stellen sollte, lautet: „Welchen Einfluss hat Technologie auf unser Leben?"

Machen Sie sich mit diesen Fragen bewusst, dass Technologie auf viele Bereiche des Modedesigns einwirken kann:

- Wie kann aufgrund moderner Produktionsmethoden neues Design entstehen?
- Wie können bestimmte Technologien, die bislang nicht mit Mode verknüpft sind, für die Herstellung und das Design genutzt oder in ein Kleidungsstück integriert werden?
- Wie können bestimmte Anwendungsmöglichkeiten neue Textilien und Silhouetten hervorbringen?
- Welche Technologien können die Funktionalität eines Kleidungsstücks steigern?
- Können konstruktive und ästhetische Aspekte einer Technologie für Motiv, Farbgebung und Design genutzt werden?
- Wie kann das spezifische Verhältnis der Menschen zur Technologie eine Kollektion beeinflussen?

◁ **Ferngesteuerte Roboter** Es zeugt von einer außergewöhnlichen Vorstellungsgabe, die ungleichen Welten Technologie und Mode über extrem theoretische Anwendungsfelder zueinander in Beziehung zu setzen. Hussein Chalayans Auseinandersetzung mit Robotern wird vielleicht eines Tages in eine zweckmäßigere Umsetzung münden.

Natur

Die Natur bietet eine schier grenzenlose Fülle an inspirierendem, visuellem Material. Nahezu alle Farben, Texturen, Formen und Muster existieren in natürlicher Gestalt und beinhalten ein großes Potenzial, aus dem der Designer stimmige Kollektionen entwickeln kann.

Die Natur war z. B. Inspirationsquelle für Frank Lloyd Wrights horizontale Architektur, die sich harmonisch in die Ebenen des Mittleren Westens einfügte; für das Mobiliar und die Bühnenbilder des Künstlers Isamu Noguchi, für die Farbpaletten der vorindustriellen Stoffmanufakturen sowie für die organischen Formen, die der amerikanische Schmuckdesigner Robert Lee Morris erschafft.

△ **Muschelmotive** Die meist einfachen Silhouetten von Kindermode verlangen nach detailreicher Ausgestaltung und spannenden Farben. Wenn Sie mit einer Akzentfarbe arbeiten, dann variieren Sie die Positionierung, um der Präsentation einen Rhythmus zu verleihen.

PRAKTISCHE ERWÄGUNGEN

Angesichts der Fülle an Inspirationen in der Natur ist es hilfreich, bei der Recherche methodisch vorzugehen.

- Setzen Sie sich zum Arbeiten anfangs in eine Bibliothek, um nicht von Ihrer gewohnten Umgebung abgelenkt zu werden.
- Machen Sie sich bereits eine ungefähre Vorstellung von der Farbpalette.
- Analysieren Sie, wie und wo Ihr ursprünglicher Rechercheansatz sich auf verschiedene Formen und Farben bezieht. Konzentrieren Sie sich auf einen Bereich, sodass in Motiv, Farbe, Texturen und Silhouetten allmählich das Spezifische und die charakteristische Stimmung Ihrer Inspiration zutage treten.
- Berücksichtigen Sie bei der Entwicklung von Silhouetten die Beziehung Ihres Kunden zu Ihrer Inspiration. Wie direkt muss der Bezug zwischen Silhouette und Natur sein?
- Studieren Sie die Farbkombinationen. Vermitteln sie den Charakter Ihres Rechercheobjekts? Regen die farbigen Formen möglicherweise zu neuen Druckdessins, Texturen, Verarbeitungsmethoden, Motiven, Schnitten und Schichtungen an?
- Bestimmen Sie die spezifischen Elemente Ihrer Inspiration, um das Thema klar zu vermitteln. Beziehen Sie kontextbezogene Details aus Ihrer Umgebung ein, um der Kollektion Authentizität zu verleihen.

Film und Popkultur

Seit den 1960er-Jahren gehen Film und Popkultur Hand in Hand: *Susan ... verzweifelt gesucht* machte den Style der New Yorker Lower East Side bei Teenagern auf der ganzen Welt populär; nach *Ein Mann für gewisse Stunden* trug die Fangemeinde die sanften Farben der Entwürfe von Armani; Woody Allens *Stadtneurotiker* ließ Frauen in Männerkleidung sexy aussehen; und die Serie *Sex and the City* stellte die Verbindung zwischen beruflich erfolgreichen Frauen und Designerlabels her. All dies sind eindeutige Beispiele dafür, wie einflussreich Styles sein können, die von Hollywood oder der Madison Avenue erschaffen und vermarktet werden – es gibt Heerscharen von Nachahmern auf der ganzen Welt, die gern bestimmte Film-Looks imitieren.

Popkultur wurde oft auf dem Laufsteg gefeiert, und so manches Design wurde bereits von der breiten Öffentlichkeit adaptiert. Einige Modehäuser gewinnen eine treue Fangemeinde, indem sie regelmäßig Interpretationen von Roben der Oscar-Verleihungen herausbringen, sodass die Kundinnen sich auf diese Weise mit den Schauspielerinnen identifizieren können. Andere Designer wurden in erster Linie berühmt durch die Stars, die ihre Kreationen tragen.

Über die Leinwand verbreiten berühmte Filmstars und ihre Stylisten neue Trends. Die Looks werden vom Kinopublikum gern aufgegriffen.

PRAKTISCHE ERWÄGUNGEN

Wenn Sie Filme oder Popkultur als Inspiration nutzen, suchen Sie nach Styling-Aspekten, die für eine gewisse Ikonografie sorgen.

Studieren Sie den Einsatz von Farbe, Beleuchtung, Requisiten und anderen visuellen Schlüsselelementen, um eine Stimmung und einen klaren Ausgangspunkt für weitere Recherchen festzulegen.

◁ **Leinwandikonen**
Inspiriert von Charlie Chaplins Film *The Little Tramp*, trafen historische Kleiderdetails, schrulliger Charme und moderne Proportionen bei der Entwicklung dieser Kollektion aufeinander. Die charmante Unbeholfenheit der Filmfigur prägt die unkonventionellen Proportionen und Schnitte.

EINIGE KULTFILME

Ich tanz' mich in dein Herz hinein, 1935, Fred Astaire
Die Frauen, 1939, Joan Crawford, Norma Shearer
Casablanca, 1942, Humphrey Bogart
Solange ein Herz schlägt, 1945, Joan Crawford
Alles über Eva, 1950, Bette Davis
Endstation Sehnsucht, 1951, Marlon Brando, Vivien Leigh
A Star Is Born, 1954, Judy Garland
... denn sie wissen nicht, was sie tun, 1955, James Dean
Über den Dächern von Nizza, 1955, Cary Grant, Grace Kelly
Die große Liebe meines Lebens, 1957, Deborah Kerr
Ein süßer Fratz, 1957, Audrey Hepburn
Frühstück bei Tiffany, 1961, Audrey Hepburn
Letztes Jahr in Marienbad, 1961, Delphine Seyrig
Lawrence von Arabien, 1962, Peter O'Toole
Doktor Schiwago, 1965, Omar Sharif, Julie Christie
Wer sind Sie, Polly Maggoo?, 1966, Dorothy McGowan
Blow Up, 1966, Vanessa Redgrave
Bonnie und Clyde, 1967, Faye Dunaway
Belle de Jour – Schöne des Tages, 1967, Catherine Deneuve
Thomas Crown ist nicht zu fassen, 1968, Faye Dunaway, Steve McQueen
Der große Gatsby, 1974, Robert Redford, Mia Farrow
Saturday Night Fever, 1977, John Travolta
Der Stadtneurotiker, 1977, Woody Allen, Diane Keaton
Die Augen der Laura Mars, 1978, Faye Dunaway
Ein Mann für gewisse Stunden, 1980, Richard Gere
Susan ... verzweifelt gesucht, 1985, Madonna
(siehe Bild links)
Jenseits von Afrika, 1985, Meryl Streep, Robert Redford
Zimmer mit Aussicht, 1986, Helena Bonham Carter
Gefährliche Liebschaften, 1988, John Malkovich, Glenn Close
Zeit der Unschuld, 1993, Daniel Day-Lewis, Winona Ryder
Prêt-à-Porter, 1994, Sophia Loren, Kim Basinger
Unzipped, 1995, Isaac Mizrahi
Der talentierte Mr. Ripley, 1999, Jude Law, Matt Damon, Gwyneth Paltrow
Marie Antoinette, 2006, Kirsten Dunst
Sex and the City, 2008, Sarah Jessica Parker

LEKTION 11
Farbe

Die Geschichte, Kultur und Psychologie der Farben sind eng miteinander verknüpft.

Die Bedeutung, die einzelnen Farben in einer Gesellschaft zugesprochen wird, kann Bezüge zur Natur, der Religion, der Politik oder der Gefühlswelt haben. Die Symbolik kann von Kultur zu Kultur variieren: So steht in China Rot für Glück und Wohlstand, während in westlichen Gesellschaften mit Rot auf Gefahren aufmerksam gemacht wird, wie z. B. auf Verkehrsschildern. Farben der Trauer reichen von Gelb in Ägypten über Schwarz in Nordamerika, Blau im Iran und Rot in Südafrika bis zu Violett in Thailand.

Häufig gehen unsere heutigen Assoziationen mit Farben auf längst vergangene Zeiten zurück: Blau war im alten Rom die Farbe der Staatsdiener – heute trägt die Polizei dort blaue Uniformen. Purpur galt weithin als königliche Farbe – Gesetze regelten, wer die kostbare Farbe tragen durfte, die mit großem Aufwand aus Purpurschnecken des Mittelmeers gewonnen wurde: Nur der Adel war dazu befugt.

Nicht nur einzelne Farben, auch Farbkombinationen können eine kulturelle Bedeutung haben: Rot und Grün symbolisieren für uns das Weihnachtsfest. Rot, Weiß und Blau sind in vielen Kulturen patriotische Farben und stehen manchmal für konservative Parteien. Rot, Orange, Gelb und Braun künden den Herbstbeginn und in den Vereinigten Staaten Thanksgiving an. Weiß und Marineblau werden seit langer Zeit mit nautischen Themen assoziiert und Restaurants wählen oft die Kombination von Gelb und Rot, weil diese Töne gemäß der Farbpsychologie ein Hungergefühl wecken.

▷ **Farbblöcke** Designer setzen Farbe ein, um Stimmung und Thema ihrer Kollektionen zu unterstreichen. Hier werden die modellierten Figuren und Schnittdetails durch einfarbige, plastische Formen in satten Tönen hervorgehoben.

LEKTION 11 FARBE 49

FARBEN UND IHRE BEDEUTUNGEN

Weiß Reinheit, Kapitulation, Wahrheit, Frieden, Unschuld, Einfachheit, Sauberkeit, Kälte, Tod, Hochzeit (westlicher Kulturkreis), Geburt, Jungfräulichkeit

Schwarz Intelligenz, Rebellion, Mysterium, Modernität, Macht, Kultiviertheit, Förmlichkeit, Eleganz, das Böse, Tod, das Okkulte, schlank machende Wirkung (Mode)

Grau Eleganz, Konservatismus, Respekt, Weisheit, hohes Alter, Langeweile, Eintönigkeit, Schmutz, Neutralität, Förmlichkeit, Blasiertheit, Verfall, Militär, Bildung, Stärke

Rot Leidenschaft, Stärke, Energie, Sex, Liebe, Romantik, Geschwindigkeit, Gefahr, Zorn, Revolution, Wohlstand (China), Hochzeit (Indien)

Orange Fröhlichkeit, Energie, Ausgeglichenheit, Wärme, Enthusiasmus, Munterkeit, Warnung, Herbst, Lust, Optimismus, Protestantismus, Fülle

Gelb Freude, Fröhlichkeit, Sommer, Feigheit, Krankheit, Risiken, Gier, Weiblichkeit, Freundschaft

Grün Natur, Fruchtbarkeit, Jugend, Unerfahrenheit, Umwelt, Wohlstand, Großzügigkeit, Neid, Krankheit, Gier, Wachstum, Gesundheit, Stabilität, Beruhigung, Neuanfang

Blau Wasser, Meer, Frieden, Einheit, Gemütsruhe, Kühle, Zuversicht, Konservatismus, Treue, Verlässlichkeit, Idealismus, Depression, Traurigkeit

Purpur Adel, Neid, Spiritualität, Kreativität, Prunk, Übertreibung, Verwirrung, Stolz, Unausgewogenheit

Braun Natur, Reichtum, Rustikalität, Tradition, Ungeschliffenheit, Schmutz, Eintönigkeit, Schwere, Armut, Derbheit, Erde, Behaglichkeit

FARBENLEHRE

Die Kenntnis der Grundzüge der Farbenlehre stellt ein solides Fundament dar, um Ideen und Konzepte erfolgreich zu vermitteln. Auch wenn Designer Farbpaletten nicht anhand wissenschaftlicher Kriterien wählen, ist es dennoch wichtig, Farbkombinationen zu kennen, die bestmögliche Wirkungen erzielen können – das gilt insbesondere, wenn Sie Farben für die Illustration Ihrer Entwürfe mischen.

Primärfarben Rot, Gelb und Blau. Diese Farben können nicht aus anderen Farben gemischt werden. Mit Primärfarben kreiert man alle anderen Farben, bis auf Schwarz und Weiß.

Sekundärfarben Grün, Orange und Violett. Diese entstehen durch Mischen von zwei Primärfarben.

Tertiärfarben Gelborange, Orangerot, Rotviolett, Blauviolett, Blaugrün und Gelbgrün. Diese entstehen durch Mischen einer Primärfarbe mit einer im Farbkreis angrenzenden Sekundärfarbe.

Komplementärfarben Rot und Grün, Orange und Blau, Violett und Gelb; also die Farben, die sich im Farbkreis direkt gegenüberstehen. Nebeneinandergesetzt wirken sie außergewöhnlich lebendig.

Analogfarben Drei nebeneinanderliegende Farben auf dem zwölfteiligen Farbkreis.

Aufhellen Bezeichnet das Mischen einer Farbe mit Weiß.

Abdunkeln Das Mischen einer Farbe mit Schwarz.

Farbton Bezeichnet eine Farbvariante oder -abstufung.

Tonwert Die Helligkeit bzw. Dunkelheit eines Farbtons.

Patina Die spezielle Oberfläche einer Farbschicht, die durch natürliche oder künstliche Alterung entsteht.

Buntheit Bezeichnet die relative Reinheit eines Farbtons im Verhältnis zu Grau.

Sättigung Die Reinheit und Intensität einer Farbe.

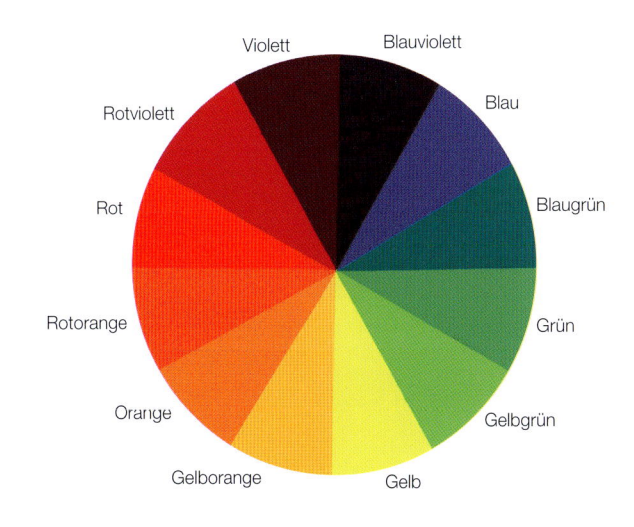

Saisonfarben

Modeschöpfer setzen gern auf eine Farbpalette, die mit der jeweiligen Saison assoziiert wird. Farben tragen ebenso wie Silhouetten und Stoffe dazu bei, einen Saisonwechsel zu signalisieren und die Kunden zum Kauf zu verführen. Viele Designer arbeiten dabei innerhalb einer Saison mit einer bestimmten Stoffpalette und achten darauf, dass die Farben der einzelnen Auslieferungen auf den Verkaufsflächen fließend ineinander übergehen. So wird vielleicht eine Akzentfarbe wie Rubinrot, die in der ersten Herbstlieferung neben Hauptfarben wie Kamel und Anthrazit auftaucht, in der zweiten Lieferung dominanter auftreten, während die Hauptfarben zu Marine und Elfenbein wechseln.

▽ **Marokkanische Kasbah** Gedämpfte Farbtöne und Naturmaterialien unterstreichen das unkomplizierte Flair dieser Herrenkollektion für die warme Saison. Sommerkollektionen enthalten oft helle Farben, um die Sonne zu reflektieren und dem Träger ein Gefühl von Kühle zu vermitteln.

TRADITIONELLE SAISONFARBEN, DIE JEDOCH NICHT UNBEDINGT GEMEINSAM IN EINER KOLLEKTION AUFTAUCHEN

Übergang/Herbst Braun, Olivgrün, Kürbisfarben, Beerentöne, Ocker, Gelb, dunkles Khaki, Anthrazit, Taupe, Schwarz, Schokoladenbraun, dunkle, satte Farben

Winter Metalltöne wie Silber, Gold und Bronze; Champagner, Elfenbein, Schwarz, Edelsteintöne wie Saphirblau, Rubinrot, Smaragdgrün

Vorfrühling Zarte Pastelltöne, Weiß, Marineblau, Kirschrot, Hellgrün, helles Gelbbraun

Frühjahr Leuchtende Farben wie Gelb, Grasgrün, Indigo, Purpur, Marine, helles Khaki

Sommer Weiß, leuchtende, satte Farben

LEKTION 11 FARBE 51

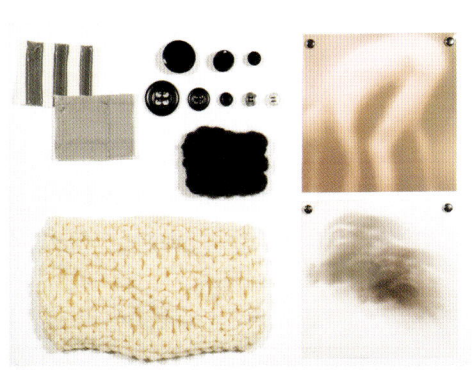

Die links aufgeführten Farben sind lediglich Beispiele, denn je nach Trends, Zielmarkt und Anzahl der Lieferungen pro Saison variiert die Farbwahl. Designer für das Juniorsegment werden wahrscheinlich auf klassische Herbstfarben wie Grau und Taupe verzichten, weil ihre Zielgruppe diesen traditionellen Farben leuchtendere Töne vorzieht. Aber auch für den übrigen Markt gilt, dass zwar Looks in Grautönen denkbar sind, es aber nicht angebracht wäre, sämtliche Auslieferungen einer Saison auf solch düstere Farben zu beschränken.

Ebenso stellen das Designersegment und die Haute Couture eine Ausnahme dar: Sie liefern oft den anderen Marktsegmenten Trendinformationen. Dabei steht die Vision für eine Kollektion im Vordergrund, weshalb oft auf traditionelle Farbpaletten verzichtet wird.

◁ **Neutrale Töne** Winterkollektionen verlangen nach geschichteten Looks. Neutrale Farbkombinationen können für ein lässiges Flair sorgen, wenn der Schwerpunkt auf den kombinierbaren Einzelteilen liegt. Eine gut abgestimmte Kollektion bietet dem Kunden eine komplette Garderobe.

△ **Winterruhe** Kokon-Silhouetten, gewickelte Kreationen und wattierte Materialien vermitteln bei dieser äußerst organischen Kollektion ein Gefühl von Wärme und Behaglichkeit und kreieren einen raffinierten Look. Die Drapierungen werden durch fein abgestimmte Farbnuancen betont.

52 KAPITEL 2 DESIGN – GRUNDLAGEN

◁ ▽ **Blick voraus** Manche Designer abonnieren Berichte von Trendforschern, welche die vorherrschenden Farben der folgenden Saison voraussagen. Designer nutzen diese Informationen auf verschiedene Weise, für manche stellen sie die Basis einer Kollektion dar, andere verwenden Trendfarben lediglich für Akzente.

Trendprognose

Modeschöpfer müssen ständig ihren „sechsten Sinn" einsetzen, um die Entwicklung des Kundenverhaltens und die Bedürfnisse ihrer Zielgruppe zu erkennen. Welche Farben werden favorisiert? Welche neuen Silhouetten werden erscheinen, und wie stark gleichen sie denen der vorhergehenden Saison? Wird der kommende Stil eher streng wirken oder organisch sein? Wird der Schwerpunkt auf grafischer Farbwirkung und spannungsreichen Texturkombinationen oder auf subtileren, nuancierten Farbpaletten liegen?

Bei ihren Überlegungen finden Designer Unterstützung bei Trendforschungsunternehmen, die fundierte Prognosen erstellen. Für diese analysieren die Trendbüros globale Veränderungen, z. B. im kulturellen, politischen oder wirtschaftlichen Kontext, die die Mode beeinflussen.

Trendforschungsagenturen befassen sich schon Jahre im Voraus mit einer Saison und arbeiten für ihre Analysen mit verschiedenen Methoden. Die Ergebnisse sind für einen Designer äußerst wertvoll. Er muss zwar seine Markenidentität bewahren, doch genauso wichtig ist es, auf dem hektischen Modemarkt Aktualität unter Beweis zu stellen.

Modetrends und ihre Bedeutung

Die Frage nach der Bedeutung von Modetrends und deren Relevanz für Designer muss in einem größeren Kontext betrachtet werden. Dabei ist es aufschlussreich, jenes Tempo, in dem globale Themen auf die Mode einwirken, mit dem der Vor-Internet-Zeiten zu vergleichen. Die Dauer und Bedeutsamkeit von Trends stehen in engem Zusammenhang mit dem Zugang des Einzelnen zu Echtzeitinformationen.

Die Mode wandelt sich immer schneller, sodass in dem Moment, in dem sich ein Trend durchsetzt, dieser bereits von einem anderen abgelöst wird. Folglich lassen sich kaum noch klar definierte Richtungen auf dem Markt ausmachen. Es stellt sich die Frage, ob angesichts des zunehmenden Tempos auf der „Datenautobahn" und des wachsenden Zugangs der breiten Masse zu Informationen Trends in Zukunft überhaupt noch größere Bedeutung haben werden.

Ebenso muss man sich fragen, inwiefern die differenzierteren Ansprüche der breiten Masse den globalen Markt verändert haben. Exklusive Modehäuser wie Comme des Garçons entwerfen seit einiger Zeit Kollektionen für Unternehmen der „schnellen" Mode wie H&M. Wie wirkt sich das auf das Angebot für den Massenmarkt aus, dessen Konsumenten mittlerweile verstärkt mit Design in Berührung kommen und ein größeres Gespür dafür entwickelt haben? Dabei stellt sich die Frage, ob die Stammkunden dem hochpreisigen Segment treu bleiben, auch wenn es für die Allgemeinheit möglich geworden ist, günstige Ware in „Designeroptik" zu erwerben?

AGENTUREN

Einige besonders einflussreiche Trendforschungsagenturen:

Trend Union
Unter der Leitung von Li Edelkoort erstellt Trend Union saisonale Trendbücher und audiovisuelle Präsentationen für die Textil- und Modeindustrie, aber auch Prognosen für die Bereiche Raumdesign, Einzelhandel und Wellness. Vertretungen auf fünf Kontinenten zeugen von der Bedeutung für die internationale Designbranche.

Promostyl
Eine weltweit agierende Agentur mit Hauptsitz in Paris, die sich auf Lifestyle-Trends spezialisiert hat und richtungsweisende Prognosen zu Farbe und Silhouette bietet. Die Agentur besteht seit über 40 Jahren und ist bekannt dafür, Kreativität mit kommerziellen Belangen zu vereinen. Ihre Kunden finden sich z. B. in der Bekleidungs-, der Schönheits- und der Automobilindustrie.

Peclers
Seit 30 Jahren bietet Peclers Paris weltweit Trendbücher an. Mit Büros in New York, Los Angeles, Miami und Kanada erstellt das Trendbüro Publikationen, die sich auf die Bedürfnisse und Wünsche der Konsumenten im Bereich Mode sowie Raum- und Industriedesign konzentrieren.

World Global Style Network
WGSN zählt wohl zu den umfassendsten Online-Informationsdiensten der Modebranche. Das Unternehmen bietet ein breites Spektrum an Informationen für alle Modedesign-Märkte, liefert aktuelle Studien aus der ganzen Welt und unterhält Büros in London, New York, Los Angeles, Madrid, Köln und Tokio.

Pantone
Das Unternehmen zählt weltweit zu den führenden Anbietern eines Farbsystems, das für verschiedene Industrien nutzbar ist. Designer greifen bei der Farbwahl für Druckdessins oder Stoffe gern darauf zurück, da in diesem Bereich ein allgemein bekannter Standard erforderlich ist. Die Pantone-Farbsysteme werden weltweit eingesetzt, z. B. in der Textilindustrie, der digitalen Technologie und dem Industriedesign.

KAPITEL 2 DESIGN – GRUNDLAGEN

Farbe als Inspiration

Ob nun die feurigen Orangetöne und das Krapprot des Südens oder die zarten, gebrochenen Weißnuancen eines Gletschers in Ihrem Recherchematerial und auf Ihrem Moodboard zu finden sind – diese ausgewählten Eindrücke liefern die Farbpalette für die Kollektion, aber auch für die Gewichtung der einzelnen Farben. Ihr Bildmaterial bietet vermutlich eine solide Grundlage zum Aufbau des Farbschemas, aber lassen Sie Vorsicht walten, wenn Sie sehr extravagante Töne wählen: Sie sollten zum Träger passen, den Geschmack der Zielgruppe treffen und der gewählten Silhouette sowie den Proportionen entsprechen.

FARBBEZIEHUNGEN

Analysieren Sie bei der Begutachtung des Recherchematerials und des Moodboards die Farbbeziehungen.

- Welche Farben bilden auf dem Moodboard den Hintergrund, welche setzen Akzente?
- In welcher Gewichtung treten Hintergrund- und Akzentfarben auf?
- Wie viele Grundfarben gibt es?
- Wie viele Akzentfarben gibt es? Wie groß ist deren Umfang, etwa gleich oder variierend?
- Welche Stimmungen rufen die Farben hervor, und in welchem Zusammenhang stehen diese mit Ihrem Thema? Wie können Sie die Wirkung mittels Stoffgewicht und Silhouette verstärken?
- Liefern Platzierung und Form einer Farbe Designinspirationen?
- Inwiefern können farbliche Unterschiede auf dem Bildmaterial als Vorlage bei der Stoffentwicklung dienen, z. B. für durchscheinende und opake Stoffe, Dessins und Färbetechniken, Schichtungen etc.?
- Welche Texturen gibt es, und wie können diese die Materialauswahl beeinflussen? Wie sind die Texturen im Bild gewichtet? Können damit Akzente gesetzt werden?

△ **Pop-up-Piraten** Hier verdeutlicht schon die Präsentation, dass es um Kindermode geht. Für die Modelle wurden Schichtenlooks mit aufwendigen Druckmustern und besonderen Farbkombinationen kreiert.

▷ **Spannungsgewinn** Das Farbschema aus Blau, Grün und Weiß wird spannend und abwechslungsreich durch witzig gestaltete Druckmuster und Stoffe.

LEKTION 11 FARBE 55

◁ **Im Stil der Massai** Farben, Texturen und Stoffgestaltung eines afrikanischen Stammes können auch elegante Stadtmenschen ansprechen. Dabei genügt eine Andeutung mit ikonischen Farbkombinationen.

▽ **Feuerwehrrot** Farbe, Materialien und Ausstattung verleihen diesen Accessoires einen gewissen Charme und Originalität – die Feuerwehr diente als Inspirationsquelle.

PRAKTISCHE ERWÄGUNGEN

Es gibt verschiedene Ansätze, um aus Farbbeziehungen des Moodboards Farbpaletten für die Kollektion zu entwickeln.

Mit Blick auf den Kunden

Auch wenn eine bestimmte Farbe in einem Gemälde, an einem Möbelstück oder sogar in einem Tapetenmuster großartig aussieht, dürfen Sie nicht vergessen, dass sie als Kleidungsfarbe Teil des Erscheinungsbilds und der Persönlichkeit des Trägers wird.

Mit Blick auf das richtige Verhältnis

Ein leuchtendes Gelb mag für den einen Designer gerade die richtige Farbe für eine große Form wie einen Trenchcoat sein, während ein anderer sie nur als Akzentfarbe in einem Dessin oder als Futter einsetzen würde. Manchmal wirkt nicht die Farbe an sich unpassend, sondern der Kontext, in den sie eingebettet ist.

Über die Festlegung von Farbbeziehungen

Legen Sie zunächst die Hauptfarben und -töne als Ausgangspunkt für die übrigen Farben der Kollektion fest. Schattierungen in Beige, Grau, Schwarz oder Marineblau sind oft Hauptfarben, während leuchtendere und/oder sattere Farben häufig Akzentfarben darstellen. Manche Designer, insbesondere im Bridge-Segment, halten sich ziemlich genau an diese Vorgehensweise, während andere die Farben des Inspirationsmaterials außer Acht lassen und mit einer gewohnten Farbpalette arbeiten. Sie lassen Veränderungen nur auf sehr subtile Weise zu.

Über eine thematische und kontextbezogene Darstellung

Der Kontext spielt eine wesentliche Rolle, wenn Farben des Moodboards auf die Kollektion übertragen werden und eine gewisse Stimmung zum Ausdruck kommen soll. In welchem Zusammenhang steht eine Farbe mit dem gesamten Farbschema? Muss eine weitere Farbe mit einem ähnlichen Tonwert eingebracht werden, um eine Abstufung zu erzielen? Wird die Stimmung am besten durch eine harmonische Farbpalette vermittelt oder eher durch Farben, die „sich beißen" und rivalisieren?

Über „Vermittler"

Wenn eine Farbpalette aus zusammenhanglosen reinen Farben besteht, muss man einen „Vermittler", ein verbindendes Element, einsetzen, um ein schlüssiges Farbschema zu kreieren. Als Verbindungsglied können z. B. Druckdessins, gestreifte Hemdenstoffe, bunte Stickereien, mehrfarbige Strickstoffe und sogar Perlenstickereien dienen.

Farbrhythmus

Während Sie eine Kollektion entwickeln, die hinsichtlich Stimmung, Farbpalette, Motiv, Stoffgewichte und Vermarktung schlüssig ist, sollten Sie sich auch über den Rhythmus der eingesetzten Farben von Look zu Look Gedanken machen sowie über die Kombinierbarkeit der einzelnen Stücke, was insbesondere bei Sportswear wichtig ist.

Gewichtung und Platzierung der Farben sowie Stoffe sollten von Look zu Look variieren, damit der Kunde unterschiedliche Eindrücke von der Zusammenwirkung der Teile gewinnt. Bei manchen Looks taucht die Akzentfarbe lediglich als kleines Detail auf, vielleicht sogar nur in Gestalt eines Portemonnaies. Bei anderen Looks können Sie dem Kunden zeigen, dass er die Akzentfarbe unterschiedlich dominant einsetzen kann: So sorgt z. B. ein Kaschmirpullover unter einer Jacke für eine dezente farbliche Note, allein getragen jedoch für einen gewagteren modischen Auftritt. Die Akzentfarbe kann in Druckdessins auftauchen, mit gedämpfteren Tönen in einem mehrfach gezwirnten Strickgarn kombiniert werden oder aber als auffallender Stoff wie Seidenchiffon in Form einer dramatischen Abendrobe erscheinen.

▷ **Das große Finale** Die Präsentation Ihrer Kollektion können Sie durch einen dominanten, großflächigen Farbeinsatz in ein furioses Finale münden lassen, oder Sie schließen den Kreis, indem Sie wieder an die farbliche Gestaltung des ersten Modells anknüpfen.

LEKTION 11 FARBE

PRAKTISCHE ERWÄGUNGEN

Analysieren Sie den Farbrhythmus Ihrer Kollektion mit folgenden Fragen.

- Wie kann die Gewichtung der Farben innerhalb der Kollektion für zunehmende Dynamik sorgen?
- Ist die Farbgewichtung auf das Kleidungsstück abgestimmt, und entspricht das auch den Kundenbedürfnissen? Handelt es sich um ein geschichtetes Modell, um ein Accessoire, um Outdoorbekleidung, ein Kernmodell oder um eine Neuheit?
- Muss die Farbsättigung bei den großflächigeren Stücken oder den Details angepasst werden?
- Wie kann die Gesamtwirkung durch einfarbige oder gemusterte Elemente variiert werden?
- Wird die Farbpalette die Kollektion auf der Verkaufsfläche als Einheit erscheinen lassen?
- Wie verändern unterschiedliche Stofftexturen die Farbwirkung? Wirkt eine Kombination leuchtender, eine andere gedämpfter?
- Wie kann eine farbige Form oder eine Farbe eingesetzt werden, um einen stimmigen Eindruck der Kollektion zu erzeugen?

◁ **Vergleiche** Wenn Sie Ihre fertigen Looks von links nach rechts anordnen, dann sollten Sie darauf achten, wie dominant die Akzentfarbe an den einzelnen Figuren auftritt und wo sie platziert ist. So gehen Designer häufig vor, wenn sie die Aufstellung der Models, auch Run-of-show genannt, arrangieren.

◁ **Immer mehr Farbe** Bauen Sie von Look zu Look eine Farbdynamik auf, indem Sie das Verhältnis der Farben zueinander und ihre Positionierung stets variieren. Dies sorgt wie ein Motiv dafür, dass die Kollektion als Einheit wirkt, insbesondere auf der Verkaufsfläche.

KAPITEL 2 DESIGN – GRUNDLAGEN

LEKTION 12
Stoffe und Fasern

Wie wichtig die Wahl der richtigen Stoffe und/oder Fasern für das Design ist, kann nicht genug betont werden.

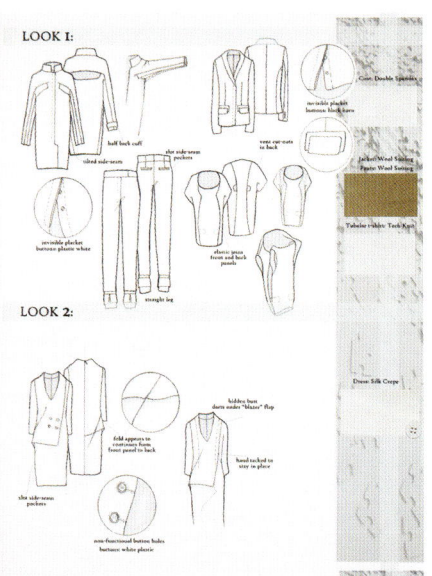

Die Materialien dienen den praktischen Erfordernissen der Konstruktion einer Silhouette, doch sie können letztlich auf alle Aspekte Ihrer Kollektion Einfluss haben, auf Konzept und Gestaltung, die Stimmung, den harmonischen Gesamteindruck des Designs und nicht zuletzt auf den Kunden.

Auf den folgenden Seiten finden Sie gängige Stoffarten, mit denen in allen Marktsegmenten gearbeitet wird. Gewebe und Stoffgewichte existieren zwar in nahezu unendlicher Vielfalt, doch schon diese Auflistung wird Ihnen ein solides Grundwissen vermitteln. Übrigens wurden die Stoffe hier zwar Verwendungskategorien zugeordnet, doch gelten dafür keine festen Regeln: So verwenden manche Designer z. B. Seidenchiffon ausschließlich für Abendgarderobe, während andere ihn durchaus auch zu Tagesmode verarbeiten.

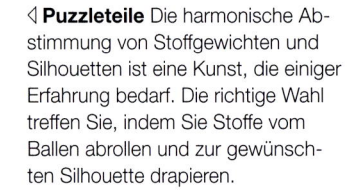

◁ **Puzzleteile** Die harmonische Abstimmung von Stoffgewichten und Silhouetten ist eine Kunst, die einiger Erfahrung bedarf. Die richtige Wahl treffen Sie, indem Sie Stoffe vom Ballen abrollen und zur gewünschten Silhouette drapieren.

▷ **In Kategorien denken** Gruppieren Sie Stoffe auf Ihrer Musterkarte stets nach Kategorien, um sicherzustellen, dass ein gut vermarktbares Konzept entsteht. Selbst wenn einige Stoffe in mehrere Kategorien fallen, legen Sie fest, wo sie schwerpunktmäßig in der Kollektion verankert sind.

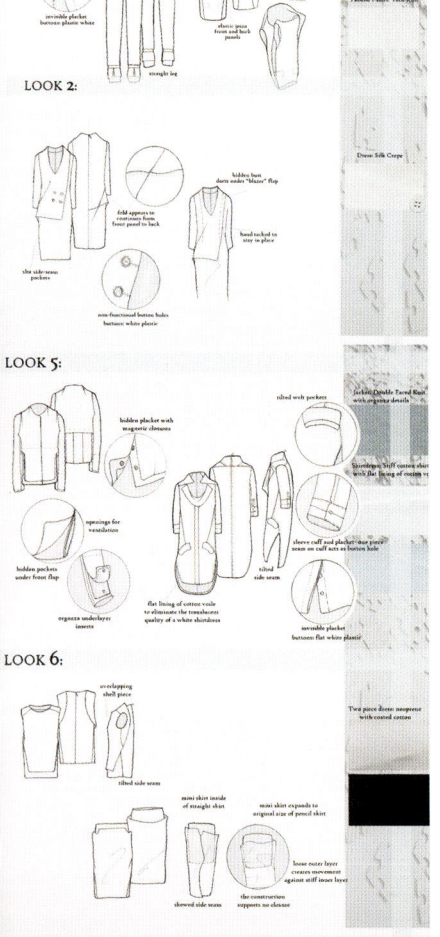

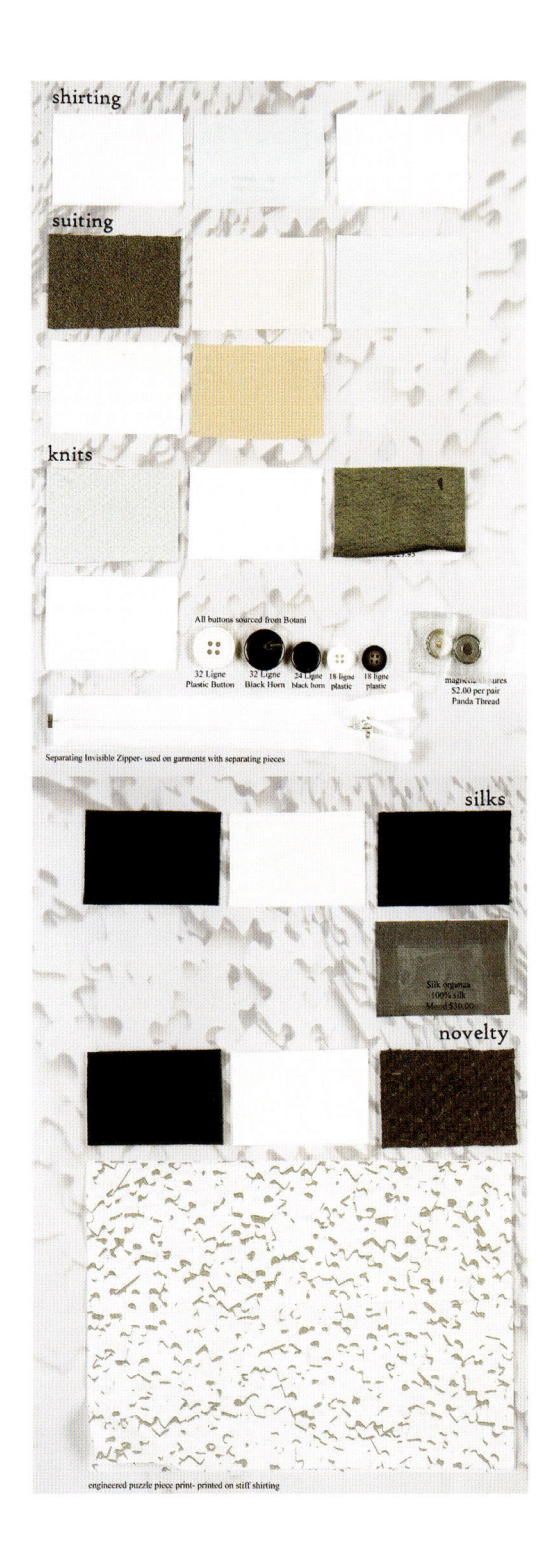

LEKTION 12 STOFFE UND FASERN

Tagesmode

Wollgabardine
Fester Webstoff, bekannt für seine Haltbarkeit und Vielseitigkeit. Durch die Verarbeitung von reinem Kammgarn entsteht eine glatte Vorderseite; auf der Rückseite ist die Köperbindung sichtbar. Ein klassischer Stoff für Herrenanzüge, doch heute fester Bestandteil in allen Kategorien.

Tropical
Leichtes Kammgarngewebe, für Anzüge für Übergangssaisons.

Baumwollpopeline
Mittelschwerer bis schwerer Stoff aus Baumwolle oder einem Baumwoll-Polyester-Gemisch. Das strapazierfähige Material mit glatter Oberfläche wird für unkomplizierte Damen- und Herrensportswear verwendet.

Denim
Mittelschweres Baumwollgewebe in Köperbindung. Ursprünglich ein Material für Arbeitskleidung; heute wird es für eher sportliche Jacken und Hosen verwendet.

Chambray
Leichtes Gewebe mit eingefärbtem Schuss und ungefärbter Kette in Leinwandbindung, erinnert an Denim. Der Stoff wird gern zu legerer Sportswear für Damen und Herren verarbeitet.

Cord
Strapazierfähiges Gewebe mit Längsrippen. Die Breite der Rippen entscheidet über die Verwendung: Weicher Feincord ist ideal für Hemden, Breitcord für Hosen und Jacken.

Voile
Leichter, durchscheinender Stoff aus Seide, Viskose oder Baumwolle, von ähnlicher Textur wie Gaze. Für Dessous, Babykleidung, Blusen und Röcke.

Linon
Halbtransparentes, leinwandbindiges Gewebe, ursprünglich aus Leinen, heute aus gekämmter Baumwolle, was dem Stoff einen seidigen Griff verleiht. Steifer als Voile, doch geschmeidiger als Organdy; eignet sich für Blusen.

Organdy
Üblicherweise aus reiner Baumwolle. Transparenter, steifer Webstoff, der oft für Hemden und Blusen verwendet wird.

Batist
Zartes, feines Baumwollgewebe, eignet sich gut für Babykleidung, Dessous und Nachthemden.

Baumwollsatin
Mittelschwerer Stoff aus merzerisierter Baumwolle mit dem typischen Satinglanz. Durch die hohe Fadendichte fühlt er sich weich an und eignet sich gut für legere Einzelstücke.

Cavalry Twill
Robustes Gewebe aus Baumwolle oder Wolle in doppelter Köperbindung, was ihm die typische Diagonalstruktur verleiht. Ein klassischer Stoff für Hosen und Jacken.

Gabardine
Dicht gewebter, haltbarer Stoff in Köperbindung mit erkennbar diagonal verlaufendem Grat. Häufig verwendet für Hosen und imprägniert für Regenbekleidung.

Swiss dot
Durchscheinendes Baumwollgewebe, oft Linon oder Batist, mit einem kleinen gewebten oder aufgeflockten Punktmuster. Der Stoff wird üblicherweise zu Hemden, Kleidern und Kinderkleidung verarbeitet.

Leinen
Sommerleichtes Gewebe aus Flachs, mit natürlichen Fadenverdickungen durchzogen. Knittert leicht, was zu seinem Charme beiträgt. Es ist in unterschiedlichen Gewichten für alle Arten von Sommerkleidung erhältlich.

Canvas, Segeltuch
Sehr steifes, haltbares Gewebe in Leinwandbindung (normalerweise aus Baumwolle), geeignet für Mäntel und Jacken. Der Stoff wird meist ungebleicht in Naturfarben verwendet, manchmal auch gefärbt.

Cord

Baumwollsatin

Gabardine

Leinen

Chino
Twillgewebe aus merzerisierter Baumwolle, häufig khakifarben. Ursprünglich ein Stoff für Militäruniformen, mittlerweile ein gängiges Material für Herren- und Damenhosen.

Chintz
Ein dünnes Baumwollgewebe in Leinwandbindung, das mit einer feinen Schicht Wachs oder Kunstharzen bezogen ist, die den Stoff leicht imprägniert und ihn strapazierfähiger macht. Ursprünglich ein klassischer Bezugsstoff, heute wird er auch für Oberbekleidung genutzt. Die Oberfläche ist glatt und glänzend.

Gewebe in Waffelbindung
Stoff mit eingewebtem Waffelmuster, mit plastischer Struktur; meist aus Baumwolle, aber auch Mischgewebe. Eine Variante wird auch als Waffelpikee bezeichnet; wird gern für Freizeit- und Sportkleidung verwendet.

Flanell
Leicht angerautes Woll- oder Baumwollgewebe in Leinwand- oder Köperbindung. Der weichgriffige Stoff ist ideal für Pyjamas, Kleider und Blusen.

Klassische maßgefertigte Kleidung

Kamelhaar
Es wird entweder rein oder mit anderen Wollgarnen vermischt zu einem Gewebe verarbeitet, das normalerweise ungefärbt bleibt. Dieser klassische Stoff hat eine weiche, gebürstete Oberfläche mit feinen Haaren und wird traditionell für Mäntel verwendet.

Wollfilz
Schafwollfasern werden mittels Hitze, Feuchtigkeit und Walken zu diesem sehr dicken, dichten Stoff verbunden. Wollfilz wird für Jacken und Mäntel verwendet.

Zibeline
Weiches, leichtes Gewebe in Köper- oder Atlasbindung mit glänzendem Flor aus Kammgarnen mit eingesponnenen mohairartigen Fasern. Der lange Flor ist in Strichrichtung gelegt, was dem Stoff Struktur und Volumen verleiht. Ideal für aufwendig geschneiderte Anzüge und Mäntel.

Sharkskin
Glattes, unverwechselbares Mischgewebe, meist aus Viskose oder Azetatfasern und Wolle. Die Kombination von Weiß und farbigen Fasern erzielt die Wirkung einer Panamabindung. Das zweifarbige Gewebe wird für klassische Herren- wie Damenanzüge verwendet.

Abend-/Brautmode

Organza
Transparentes, steiferes Gewebe in Leinwandbindung, oft aus Seide oder aus Chemiefasern, verleiht Brautkleidern Volumen.

Chiffon
Durchscheinendes, zartes Gewebe, oft aus reiner Seide, doch auch aus Chemiefasern. Beliebt wegen seines fließenden, luftigen Charakters; eignet sich vor allem für Kleider und Blusen.

Georgette
Weniger transparent als Chiffon; oft aus Seide, doch auch aus Chemiefasern erhältlich. Das Gewebe hat eine leicht kreppartige Textur und zeichnet sich durch trockene Haptik und einen schönen Fall aus. Ideal für Blusen und Kleider.

Charmeuse
Leichter, glatter Trikotstoff mit glänzender Oberfläche, meist aus Kunstfaser, manchmal aus Seide. Sein fließender, sanfter Faltenwurf machte ihn in den 20er-Jahren beliebt für Kleider, heute eher für Unterwäsche und als Futterstoff.

Crêpe de Chine
Leichtes Gewebe in Leinwandbindung, normalerweise aus reiner Seide mit einer zarten Krepptextur, manchmal auch aus Chemiefasern. Wird für Blusen und Kleider verwendet.

Canvas

Chintz

Georgette

Organza

Crêpe Satin

Leicht texturiertes, zweiseitiges Gewebe mit einer matten Seite und einer hochglänzenden Satinseite; aus reiner Seide oder aus Chemiefasern. Mit seinem weichen Fall eignet es sich für Blusen und Kleider.

Duchesse

Elegantes Satingewebe mit subtilem Glanz, der schwerste Seidenstoff. Es wird oft in der Haute Couture und für außergewöhnliche Anlässe eingesetzt.

Gehämmerter Satin

Dicker, schimmernder Stoff mit Satinglanz und einer Oberfläche, die an gehämmertes Metall erinnert. Mit seinem schönen Fall eignet er sich gut für elegante Kleider, Blusen und Kreationen für besondere Anlässe.

Taft

Eigentlich ein Seidengewebe, heute auch aus verschiedenen Chemiefasern erhältlich. Es ist sehr dicht gewebt und steif, weshalb es sich für ausdrucksstarke Silhouetten eignet, z. B. für Abend- oder Brautmode.

Shantung/Wildseide

Gewebe aus Wildseidenfasern mit stark strukturierter Oberfläche, die aus unregelmäßigen Noppen und Verdickungen des Seidengarns entsteht. Shantung wird gern in Frühjahrs- und Herbstkollektionen eingesetzt.

Doupionseide

Leicht schimmerndes Gewebe aus Seide. Es zeichnet sich durch eine unregelmäßige Struktur mit Verdickungen und einen eher steiferen Fall aus.

Moiré

Manchmal auch als „gewässerte Seide" bezeichnet; das wellenähnliche Muster ist für dieses Gewebe aus Seide, Viskose oder Mischfasern charakteristisch; ideal für Abend- und Brautmode.

Ottoman

Das Gewebe aus Seide, Baumwolle oder Viskose zeichnet sich durch feine Längsrippen aus; wird auch Ripsseide genannt. Damit lassen sich steife, skulpturale Silhouetten erzielen; meist für Gesellschaftsmode.

Samt

Weicher Stoff mit Flordecke aus Seide, Baumwolle oder Chemiefasern. Ursprünglich ein Material für Abendmode, doch manchmal auch für Tagesmode eingesetzt.

Lamé

Luxuriöser, brokatartiger Stoff, der mit Metallfäden durchzogen ist, die ihm Glanz verleihen. Für Abendmode und Kostüme.

Tüll

Leichter, netzartiger Stoff. Seidentüll hat eine fließende, Kunstfasertüll eine steifere Wirkung. Traditionell für Brautschleier, Tutus und Petticoats verwendet.

Maschenware

Doublejersey

Matter Flachstrick-Maschenstoff aus feinem Kreppgarn mit trockener Haptik. Das Material fällt schwer und eignet sich für Reisekleider und Tagesmodelle, die auch in den Abend hinein getragen werden.

Wolljersey

Mittelschwerer bis schwerer Maschenstoff aus reiner Wolle mit subtilem Faltenwurf. Eignet sich gut für legere Einzelteile und Kleider für die kühle Saison.

Seidenjersey

Fließender Maschenstoff mit dezentem Schimmer, der sich für Drapierungen eignet sowie für Tagesmodelle, die auch in den Abend hinein getragen werden.

Nicky

Gewirkter Baumwollplüsch mit dichtem, weichem Flor. Das Material ist im Gegensatz zu Samt sehr dehnbar und wird normalerweise zu Loungewear und Sportbekleidung verarbeitet.

Walkstoff

Strickstoff, der wie beim Filzen durch Hitze verdichtet wird; der Stoff schrumpft dann um bis zu 25 bis 30 Prozent in Länge und Breite. Das weiche warme Material eignet sich für Jacken und Mäntel.

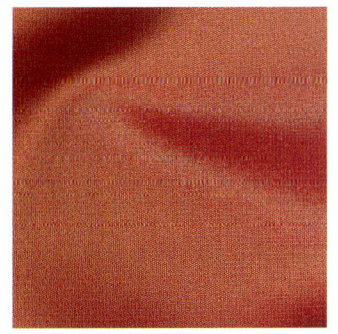

Taft

Doupionseide

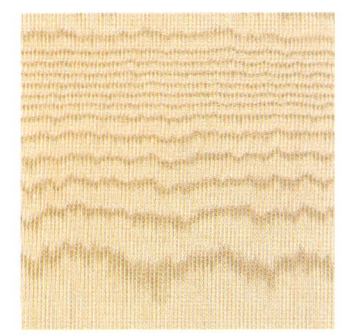

Moiré

Ausbrenner

Außergewöhnliche Materialien

Matelassé
Französischer Begriff für „aufgepolstert". Ein dickes Gewebe, meist aus reiner Baumwolle, mit reliefartigen eingewebten geometrischen oder floralen Mustern. Ursprünglich für Bett- und Tagesdecken, fertigt man heute daraus Jacken und Mäntel.

Vogelauge
Mittelschwerer Stoff mit einem Webmuster in Form kleiner Rauten mit Punkt in der Mitte.

Mohair
Schurhaar der Angoraziege, das zu Maschenware oder Gewebe mit langhaariger, gebürsteter Oberfläche verarbeitet wird. Mohairgewebe eignet sich gut für Jacken und Mäntel; das Strickgarn wird für Pullover verwendet.

Damast
Dichtes Gewebe aus Baumwolle, auch aus reiner Seide; eigentlich ein traditioneller Dekorationsstoff. Glänzender Stoff mit matten eingewebten Mustern – oft geometrische und botanische Motive. Für Jacken, Mäntel und elegante Kleidungsstücke.

Brokat
Schwerer, mit Metallfäden durchzogener, jacquardgemusterter Stoff, meist aus Seide. Ursprünglich ein Bezugsstoff, heute beliebt für Bühnenbekleidung und festliche Anlässe.

Raffia
Gewebe, für das Bastfasern der Raffiapalme wie Stroh verwebt werden. Ein grob texturiertes Material, das meist zu Hüten und Taschen verarbeitet wird.

Alcantara
Mikrofasergewebe, das Veloursleder imitiert und maschinenwaschbar ist. Wurde in den 1970er-Jahren von Halston in der Designermode eingeführt.

Hahnentritt
Zweifarbig gewebtes Karomuster, das an die Spuren eines Huhns erinnert; normalerweise als schwarz-weißes Wollgewebe in Köperbindung ausgeführt. Ein klassisches Muster für Herrenanzüge, wird aber auch für Damenkleidung verwendet.

Glenplaid
Klassisches Karomuster in gedämpften Farben oder in Schwarz, Grau, Weiß. Über das Karomuster ist ein Überkaro aus feinen farbigen Streifen gelegt.

Moleskin
Stark aufgerautes Baumwollgewebe in Atlasbindung, das insbesondere für Casualwear, klassische Schnitte und leichte Mäntel verwendet wird.

Chenille
Bezeichnet ein Garn aus Baumwolle, Viskose oder Acrylfasern und das daraus gefertigte Gewebe. Zeichnet sich durch einen weichen und flauschigen Flor aus, der an eine Raupe erinnert (Chenille: frz. Raupe). Früher für Bettüberwürfe und Teppiche, wird Chenille heute oft für Pullover und Jacken verwendet.

Nylon
Leichtes Synthetikgewebe aus Polyamidfasern. Da das Gewebe kaum Feuchtigkeit absorbiert und schnell trocknet, eignet es sich gut für Bade- und Sportmode sowie Regenbekleidung.

Bengaline
Gewebe aus Seide, Wolle oder Chemiefasern; auch Mischgewebe, mit leicht gerippter Textur. Der Stoff ist auf einer Seite matt, auf der anderen glänzend und eignet sich hervorragend für Hosen.

Alpaka
Das Haar des peruanischen Alpakas; für die Herstellung von Web- und Maschenwaren wird es mittlerweile oft mit Mohair und Wolle gemischt.

Vikunja
Das Haarkleid des südamerikanischen Vikunjas (Familie der Kamele) ist extrem leicht und feiner als jede andere Wolle, dabei gleichzeitig sehr wärmend. Die edlen Stoffe werden zu luxuriösen Jacken, Mänteln und Anzügen verarbeitet.

Kaschmirwolle
Die Wolle der Kaschmirziege ist außergewöhnlich fein, fest, leicht und weich. Für exklusive Gewebe und Maschenwaren.

Damast

Brokat

Chenille

Mohair

KAPITEL 12 STOFFE UND FASERN

Lochmusterstoff
Weißer Baumwollstoff mit einem durchgehenden Muster, für das ausgestanzte Löcher umstickt werden (auch Eyelet: engl. Öse). Ein beliebter Stoff für Kindermode, Kleider und Blusen.

Broderie Anglaise
Technik, bei der Muster und Formen geschaffen werden, indem Motive ausgeschnitten und die Löcher umstickt werden. Früher klassisches Material für Unterbekleidung sowie Kindermode, heute auch für Damenkleider und -blusen verwendet.

Pikee
Ein Gewebe mit dezenter reliefartiger Textur, die dem Vogelauge-Muster ähnelt; meist aus Baumwolle, geeignet für Kleider und Einzelteile.

Gingham
Leichtes Baumwollgewebe in Leinwandbindung, für das weiße und farbige Fasern zu karierten Mustern auf weißem Grund verarbeitet werden. Traditionell beliebt für Kinderkleidung; mittlerweile für alle Bekleidungskategorien.

Seersucker
Leichtes Baumwollgewebe mit abwechselnd glatten und „gekräuselten" Längsstreifen. Für leichte Sommerkleidung.

Frottee
Baumwollgewebe, das sich durch Weichheit und hohe Saugfähigkeit auszeichnet. Charakteristisch sind die dicken, unaufgeschnittenen Schlingen, die beidseitig einen weichen Flor bilden. Typisches Material für Handtücher und Bademäntel, aber auch für Sportbekleidung.

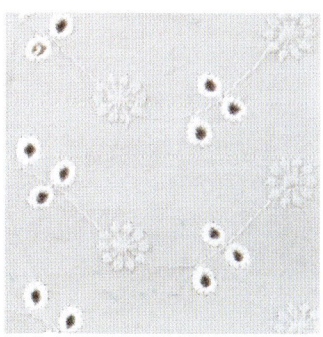

Broderie Anglaise

Gingham

WEITERE FACHBEGRIFFE

Jacquard
Eingewebte Textilmuster, z. B. bei Brokat, Damast und Matelassé. Der Name geht auf den 1801 von Joseph Marie Jacquard erfundenen mechanischen Webstuhl zurück, der das Weben komplizierter Muster möglich machte.

Plissee
Schmale Falten, die dauerhaft in ein Gewebe eingepresst werden, dies geschieht z. B. durch Hitzeeinwirkung oder mithilfe von Natronlauge.

Cloqué
Gewebe mit unregelmäßiger, blasenartiger Reliefstruktur.

Bouclé
Gewebe oder Maschenware aus speziellem Bouclézwirn, oft aus reiner Wolle, aber auch aus Chemiefasern. Dieser besteht normalerweise aus drei verzwirnten Fäden, wobei ein Faden lockerer geführt wird und Schlingen bildet, was dem Stoff eine genoppte Struktur mit Verdickungen verleiht. Man fertigt daraus Jacken oder Pullover.

Krepp
Stoff mit leicht gekräuselter, körniger Oberfläche.

Ausbrenner oder Devoré
Durch Bearbeitung mit Ätzpaste werden bestimmte Bereiche eines Gewebes bewusst zerstört, sodass vor dem Hintergrundgewebe ein Muster mit erhabener Oberfläche, meist Samt, entsteht.

Knautschsamt
Samt, dessen Oberflächentextur geknautscht oder zerknittert wirkt.

Pannesamt
Spiegel- oder Seidensamt, dessen Flor flach gepresst wird und sich durch weiche Haptik und schönen Faltenwurf auszeichnet.

LEKTION 13
Maschenwaren

Gewicht, Textur und Design von Maschenwaren bieten grenzenlose Möglichkeiten und können zu einer gelungenen Kollektion beitragen.

Je nach Struktur und Material können Maschenwaren wie Chiffon drapiert, wie wollene Anzugstoffe geschnitten und sogar zu Wintermänteln verarbeitet werden. Angesichts der Möglichkeiten, welche die Vielfalt an Garnstärken, Fasern sowie an Mustern und Techniken eröffnet, betrachten viele Designer Maschenwaren als das Material, mit dem man am konzeptionellsten und kreativsten arbeiten kann.

Der Reiz besteht dabei für viele Designer darin, Material und Form von Grund auf neu erschaffen zu können, sodass eine Fülle an Ausdrucksformen und Silhouetten in zahllosen Ausprägungen möglich ist. Von den hauchzarten Kaschmirkreationen, die für Jil Sander charakteristisch sind, über die grob gestrickten Modelle von Giles Deacon oder die Abendkleider aus Seidenjersey von Madame Grès, von denen sich heutige Designer gern inspirieren lassen, bis zu Sportbekleidung und dem legendären T-Shirt – Maschenstoffe haben einen Platz in allen Modekategorien, Preissegmenten und Lifestyles.

Beim Aufbau einer Kollektion sollte man deshalb diese angenehm zu tragenden Materialien mit ihrem unverwechselbaren Charakter nicht außer Acht lassen. Maschenwaren, ob sehr einfach geschnittene Modelle oder architektonische Silhouetten, die manchmal bequemer zu tragen sind als entsprechende Kreationen aus Gewebe, stellen eine Bereicherung der Kollektion dar, vor allem wenn sie Motiv und Farbbeziehungen variieren. Für manche Modehäuser wie TSE und Missoni sind sie sogar das Markenzeichen. Die technischen Aspekte der Herstellung verlangen zwar ein fundiertes Fachwissen, doch wenn Sie bereits grundlegende Begriffe und visuelle Aspekte verstehen, können Sie mit dem Entwerfen von Strickkreationen beginnen.

◁▷ **Organische Formen mit Strick** Die Vielfalt an Texturen und modellierten Formen in Strick wird oft genutzt, um das Thema der Kollektion zu unterstreichen: Hier bringen weiche Stricktexturen in Kombination mit festem Wollflanell das Thema der menschlichen Anatomie zum Ausdruck.

LEKTION 13 MASCHENWAREN   65

◁ **Volumen und Silhouette** Gerade die Tatsache, dass Designer sowohl bei der Kreation des Strickstoffs selbst als auch bei Form und Silhouette völlige Freiheit haben und grenzenlose kreative und technische Möglichkeiten geboten sind, macht Maschenwaren so beliebt.

ZENTRALE BEGRIFFE ZU MASCHENWAREN

Diese Definitionen vermitteln Ihnen eine Grundlage für das Entwerfen von Strickkreationen:

Konfektionierte Maschenware
Wie bei der Arbeit mit Webstoffen werden Schnittmuster auf fertige Strickstoff-Meterware gelegt, die Einzelteile zugeschnitten und dann zusammengenäht.

Fully-Fashion-Einzelteile
Hier werden die Schnittteile z. B. für Pullover direkt von einer speziellen Strickmaschine in den gewünschten Formen gestrickt und anschließend nur noch zusammengesetzt.

Rechte Maschen
Die ersten Grundmaschen, die man erlernt. Sie bilden die Vorderseite einer Strickarbeit.

Linke Maschen
Die links gestrickten Maschen bilden normalerweise die Rückseite der Strickarbeit.

Glattstrick
Maschenware oder Handgestricktes, für das abwechselnd eine Reihe rechte, eine Reihe linke Maschen gestrickt werden.

Single-Jersey
Maschinengefertigte, feine Maschenware; auf der Oberseite befinden sich nur rechte, auf der Unterseite nur linke Maschen, also auch ein Glattstrickmuster.

Rippung
Entsteht durch abwechselndes Stricken rechter und linker Maschen in beliebiger Zahl, je nach Breite der Rippe. Dabei gibt es zahlreiche Variationen, z. B. drei rechts, dann ein links etc. Durch Kombination verschiedener Rippenmuster und durch Zu- und Abnehmen von Maschen lässt sich z. B. ein Pullover in Form stricken.

Krausstrick
Es werden durchgehend ausschließlich rechte Maschen gestrickt, Vorder- und Rückseite zeigen die gleichen Querrippen.

Gauge
Maßeinheit zur Bezeichnung der Feinheit von Maschenwaren; gibt an, wie viele Maschen auf einem Zoll (engl. 25,4 mm) liegen. Fertigen Sie eine Maschenprobe mit Ihrem Garn an, und messen Sie, wie viele Maschen Sie pro Zoll (= 2,54 cm) und wie viele Reihen Sie pro Zoll (= 2,54 cm) gestrickt haben. So können Sie Ihr Muster planen. Folglich bestimmt die Stärke des Garns die Gauge-Zahl: Gängig sind bei Maschinenstrick 5 gg, 7 gg, 12 gg, 16 gg und 24 gg und bei handgestrickten Waren 3 gg und 5 gg.

Melierung
Zwei oder mehr Garne unterschiedlicher Farbe werden gleichzeitig verstrickt, um ein Zufallsmuster zu kreieren. Dieses ist auf beiden Seiten sichtbar.

Plattierung
Maschinenstricktechnik zur Verarbeitung von zwei verschiedenartigen Fäden, insbesondere zur Einarbeitung von Lurex- oder Metallgarn. Das zweite Garn wird nur auf der Vorderseite des mit dem Hauptgarn gestrickten Stücks eingearbeitet, sodass auf der Rückseite keine kratzige Textur entsteht.

Zopfmuster
Dreidimensionales Flechtmuster, für das mit einer zusätzlichen Nadel gearbeitet wird.

Noppen
Dreidimensionales Musterelement, für das aus einer Masche mehrere Maschen herausgestrickt und diese dann nach einigen Reihen wieder über der Ausgangsmasche zusammengestrickt werden.

Patchwork
Mit dieser Technik werden bunte Muster kreiert. Die – meist größeren – Formen werden einzeln gestrickt und dann wie Puzzleteile zu einem Kleidungsstück zusammengesetzt.

Fair-Isle-Technik
Unterschiedliche – meist kleinformatige – bunte Muster entstehen durch Rundstricken, bei dem mit verschiedenfarbigen Garnen gearbeitet wird und beim Farbwechsel die jeweils nicht benötigten Garne auf der Rückseite flottieren, bis sie im Muster erneut vorkommen.

Flottierung
Das Mitführen eines Garns auf der Rückseite der Strickarbeit beim Farbwechsel.

Jacquard
Technik zur Fertigung von Intarsienmustern mit mehreren sich wiederholenden Farben.

Fully-Fashion-Integralstricken
Bei dieser Technik werden alle Teile inklusive Details wie Einfassungen, Armlöcher etc. in Form gestrickt, sodass in der Konfektion lediglich Arm- und Seitennähte geschlossen werden müssen.

1:1-Doppelbettgestrick über alle Nadeln
Maschinenstricktechnik, bei der identische 1:1-Rippen auf beiden Seiten entstehen.

Lochmuster
Hierfür werden Maschen in einer Reihe zusammengestrickt und in der nächsten Reihe wieder einzeln abgestrickt, sodass ein Loch entsteht.

Ajour- oder Fallmaschenmuster
Für diese Muster gibt es zahlreiche Variationen: Generell werden dabei eine oder mehrere Maschen beim Stricken ausgelassen und in der nächsten Reihe wieder abgestrickt. Dabei bleiben Fadenstege frei, und es entstehen Leiter- oder Durchbruchmuster.

△ **Federleicht** Maschenwaren können dicht wie ein Mantelwollstoff oder transparent wie Chiffon sein. Ein zarter, durchscheinender Effekt wird noch verstärkt, indem man ihn mit dichter gestrickten Bereichen kombiniert.

◁ **Erkunden Sie das Potenzial** Skizzenblätter verdeutlichen, auf welche Weise unterschiedlich platzierte Strickmuster und verschiedene Silhouetten zusammenwirken. Skizzieren Sie unbedingt verschiedene Versionen, um die gestalterischen Möglichkeiten umfassend zu untersuchen und um neue Ideen auszuloten.

GRUNDTECHNIKEN FÜR ABSCHLÜSSE UND BÜNDCHEN

Bundloser Abschluss
Es wird direkt mit dem Strickmuster begonnen, ohne ein separates Bündchen zu stricken. Unter Umständen muss für den ersten Zentimeter mit engeren Maschen gearbeitet werden, damit die Form erhalten bleibt.

Rippenbündchen
Abwechselndes Stricken rechter und linker Maschen, je nach gewünschter Breite der Rippe rechts – links, zwei rechts – zwei links etc.

Schlauchbündchen
Gängige Abschlussform bei maschinengefertigter Ware: Es wird die doppelte Bundlänge glatt rechts gestrickt, dann die Hälfte umgeschlagen, um eine saubere, flache Kante zu erhalten.

Angesetztes Bündchen
Ein Bündchen wird separat gestrickt und mit dem fertigen Kleidungsstück verbunden. Dafür werden die Randmaschen aufgenommen und einige Reihen miteinander verstrickt; auf der Innenseite bildet sich eine Naht.

Picot-Abschluss
Dekorativer Rand, für den ein Lochmuster mittig in einen glatt rechts gestrickten Bund eingearbeitet wird. Anschließend faltet man den Bund in der Mitte und erhält so eine Mäusezähnchen-Bordüre als Abschluss.

Konfektionierte Einfassung
1:1-Doppelbettgestrick als saubere Einfassung, z. B. von Schlitzen und Halsausschnitten.

Umhäkelter Abschluss
Dafür werden die Randmaschen aufgenommen und abgehäkelt.

LEKTION 14
Die Stoffpalette

Die Zusammenstellung einer gelungenen Stoffpalette ist eine wahre Kunst und eine der bedeutendsten Aufgaben im Modedesign.

So wie beispielsweise ein guter Koch sein fachliches Können perfektioniert, aber auch Innovation und seine Persönlichkeit einbringt, um aus Altbekanntem Außergewöhnliches zu machen, so muss auch ein Designer über die technischen Fähigkeiten verfügen, Form und Material so zu vereinen, dass etwas Neues in der Mode entsteht, die Umsetzung aber möglichst unangestrengt erscheint.

Erste Informationen für Ihre Stoffpalette liefern Ihnen Stoffmuster, die Sie mit Blick auf Farbe und Textur vorab auswählen können. Dann aber ist es unumgänglich, dass Sie die abgerollte Meterware begutachten und diese probehalber an einem Körper oder an einer Schneiderpuppe drapieren. Auf diese Weise können Sie prüfen, ob Gewicht und Fall zum Entwurf passen, bevor Sie sich auf einzelne Stoffmuster festlegen.

△ ▷▷ **Im sicheren Hafen** An einer gelungenen Stoffpalette kann man das Preissegment der Kollektion, den Lebensstil des Kunden und die Designvision ablesen. Die Strukturen, Gewichte und eleganten Farben der Stoffe betonen, dass Details und Kombinierbarkeit im Mittelpunkt dieser Bridge-Kollektion stehen.

Fünf Regeln für die Arbeit mit Stoffen

Regel 1: Je komplizierter das Design, desto schlichter der Stoff

Aufwendige Schnitte und Verarbeitung verlangen meist nach einem Material, das den Designschwerpunkt unterstützt und nicht dominiert. Konstruktion und Stoff dürfen nicht miteinander rivalisieren. Stellen Sie sich vor, sie kombinieren ein genopptes Wollbouclé mit einem auf Figur geschnittenen Etuikleid: Die durch Nähte wunderbar modellierte Linie würde angesichts der Textur und Dichte des Materials überhaupt nicht bemerkt werden. Und umgekehrt ist ein Stoff mit kompliziertem Blumendruck oder Perlenstickereien schon so aufwendig gestaltet, dass ihm ein schlichtes, trägerloses Kleid statt einer kunstvoll drapierten Silhouette genügt.

Regel 2: Zwingen Sie den Stoff nie in eine Form

Das natürliche Gewicht des Stoffs und der ihm eigene Faltenwurf geben Silhouette und Art des Kleidungsstücks vor. Dem Design fehlt es an Überzeugungskraft, wenn Silhouetten nicht zum Gewicht der verarbeiteten Stoffe passen, und die Kollektion strahlt dann kaum Selbstbewusstsein aus. Verfallen Sie nicht darauf, einen weichen, fließenden Stoff in einen strengen Schnitt zu zwingen. Wenn Sie eine auffällige Schnittkonstruktion planen, dann wählen Sie einen Stoff, der diesen Entwurf tragen kann, statt auf komplizierte Unterkonstruktionen zurückzugreifen.

Regel 3: Betonen Sie die natürlichen Eigenschaften des Stoffs

Jeder Stoff besitzt einen Charakter, und indem Sie diesen mit Schnitt und Silhouette hervorheben, erhält ein Entwurf Substanz. Lose, wogende Schnitte bringen die Schwerelosigkeit und Transparenz von Chiffon zur Geltung. Schwere, feste Stoffe wirken am besten an klaren, streng

LEKTION 14 DIE STOFFPALETTE **69**

geschnittenen Looks – versuchen Sie nicht, diese etwa zu plissieren oder zu drapieren. Verwenden Sie glänzende, fließende Stoffe für Drapierungen, Raffungen und Rüschen, damit sich das Licht darin fangen kann.

Regel 4: Kreieren Sie Dynamik mit variierenden Stoffgewichten

Mit einer Palette, die unterschiedliche Stoffgewichte beinhaltet, gehen Sie sicher, dass Silhouetten und Schnitte nicht monoton wirken. Der Schwerpunkt einer Kollektion kann auf strengen Linien oder sanfteren drapierten Silhouetten liegen; der jeweilige Stil wird betont, wenn man ein kleines gegensätzliches Element einbringt.

Häufig planen Designer ein Modell für eine Kollektion aus zwei unterschiedlich schweren Stoffen, die der Silhouette jeweils einen anderen Charakter verleihen, so wird z. B. ein Trenchcoat aus steifem Baumwollcanvas für den Tag sowie auch aus fließender Seide für die Abendmode zugeschnitten, wobei Proportionen und Details variieren. So entsteht nicht nur der Eindruck, es handle sich um zwei unterschiedliche Entwürfe, da der Schnitt je nach Stoff unterschiedlich wirkt – auch die Schlüssigkeit des Designs und die Kosteneffizienz werden gewahrt.

Regel 5: Wählen Sie keinen Stoff verbindlich, bevor Sie ihn nicht vom Ballen gerollt haben

Ein Stoff wirkt als Muster von 5 x 10 Zentimeter Größe anders als in Gestalt des fertigen Kleidungsstücks. Drapieren Sie einen abgerollten Stoff probeweise in gewünschter Größe und Form, um einen Eindruck von seinem Fall, Gewicht sowie seiner Eignung für eine bestimmte Silhouette zu gewinnen. So können Sie auch die Wirkung eines Musters in voller Größe beurteilen.

EINE GELUNGENE STOFFPALETTE WIRD

- Ihr Konzept und Thema tragen.
- der Kollektion Stimmigkeit verleihen.
- den Bedürfnissen, dem Geschmack und Lebensstil Ihrer Kunden entsprechen.
- für einen harmonischen Übergang auf der Verkaufsfläche dezent an vorhergehende und künftige Auslieferungen anknüpfen.
- innovative Gestaltungs- und/oder Fertigungstechniken aufweisen.
- der Identität und dem Image des Designers entsprechen.
- aktuelle Trends ansprechen und Anstoß zu künftigen liefern.
- abwechslungsreiche Stofftexturen und -gewichte umfassen.
- sich auf die jeweilige Jahreszeit beziehen, jedoch auch Temperaturschwankungen berücksichtigen.

△ **Kaleidoskop-Kids** Eine überbordende Fülle an Mustern, Details und Verzierungen verleihen dieser Kindermode-Kollektion eine verspielte Note. Wenn mit aufwendigen Mustern gearbeitet wird, sollte ein harmonisches Farbschema gewählt werden, um Klarheit und Schlüssigkeit zu bewahren.

▷ **Speed Racer** Kühne Farben, leichte Synthetikmaterialien und ein Schwerpunkt auf Tragekomfort sind charakteristisch für Sportbekleidung. Hier lenken dynamische farbige Formen den Blick des Betrachters und suggerieren Hochleistung.

Stoffmengen

Die Anzahl der Stoffe für eine Kollektion ist abhängig von persönlichen Vorlieben, Kundenbedürfnissen, der Art der Kollektion und der jeweiligen Saison. Dennoch ist es hilfreich, ein Grundschema im Kopf zu haben, das man anhand dieser Kriterien variieren kann. Für eine Sportswear-Zwischenkollektion von sechs bis acht Looks sollte man z. B. die Stoffpalette wie folgt planen.

Zwei bis drei Jacken-/Mantelgewichte

Ziehen Sie unterschiedliche Gewichte für saisonale Temperaturschwankungen in Betracht, und überlegen Sie, ob Sie unifarbene Stoffe oder Muster, natürliche oder synthetische Materialien (je nach Marktsegment), Textilien oder Leder bzw. Fell verwenden möchten. Vergewissern Sie sich, dass die Materialien die Unterschiede der geplanten Silhouetten und Funktionen widerspiegeln. So beinhalten die meisten Sportswear-Kollektionen für die Herbst/Winter-Saison je einen klassischen Schnitt, eine kürzere legerere Silhouette für das Wochenende sowie ein drittes Modell, das meist trendiger ist.

Zwei bis drei Anzuggewichte

Nicht alle Designer entwerfen klassische Anzüge, aber die meisten Kollektionen beinhalten Modelle, die zumindest als Entsprechung der Silhouette dieser Kategorie gedacht sind. Von klassischen Labels wie Burberry bis zu zukunftsweisenden wie Comme des Garçons wird dieses Stoffgewicht für Jacken, Hosen und Röcke verwendet. Achten Sie auch hier auf einen abwechslungsreichen Mix aus einfarbigen Stoffen und Streifen-, Karo- oder anderen Mustern sowie stärker texturierten Materialien, um Ihrem Kunden genügend Wahlmöglichkeiten zu bieten.

Zwei bis drei Hemden-/Blusengewichte

Diese Kategorie ist sehr vielseitig und bietet eine Fülle von Möglichkeiten. Hemden- und Blusenstoffe werden für Basis-Silhouetten der Kollektion eingesetzt oder für außergewöhnliche Einzelkreationen, die keiner Ergänzung bedürfen. Ebenso dienen sie als Träger von einfarbigen und gemusterten Farbakzenten und sogar für größere Silhouetten wie Kleider. Unifarbene und gemusterte, durchscheinende und opake, matte und glänzende, steife und fließende, glatte und texturierte Stoffe können für abwechslungsreiche Silhouetten und ein abgerundetes Vermarktungskonzept sorgen.

Zwei bis drei Strickstoffe

Jede Sportswear-Kollektion sollte ein Strickelement aufweisen. Maschenwaren können den Körper ohne Abnäher und Nähte eng umschmiegen, bei entsprechender Struktur zu Anzügen geschneidert werden und so durchscheinend wie Chiffon oder so schwer wie Mantelstoff sein. Die Vielseitigkeit von Maschenwaren reicht von konfektionierten T-Shirts bis zu aufwendig modellierten Fully-Fashion-Modellen, die den Körper betonen und die Figur umschmiegen.

Erwägen Sie eine Kombination aus zwei konfektionierten Varianten und einer Fully-Fashion-Option oder umgekehrt. Unterschiedliche Gewichte sorgen neben Variationen von Farben und Mustern, Texturen und Fasern dafür, dass die Silhouetten abwechslungsreich wirken und eine vermarktbare Zusammenstellung der Kollektion ergeben.

Zwei bis drei außergewöhnliche Stoffe

Diese Stoffe sollen für überraschende Effekte sorgen. Sie werden oft in kleinem Umfang eingesetzt, um die Hauptmaterialien und -modelle zu betonen. Außergewöhnliche Webstrukturen, Texturen oder Muster können bei geschichteten Looks für einen besonderen Blickfang sorgen oder sogar bei größeren Silhouetten maßvoll zum Einsatz kommen. Analysieren Sie, wie Farbe oder Textur einer Spitze oder eines Goldbrokats eine Zwischenkollektion bereichern können. Oder inwiefern eine Textiltechnik wie Stickerei die Gesamtwirkung der Hauptstoffe und -farben aufbrechen und ein Thema vermitteln kann.

LEKTION 15
Die Silhouette

Beim Entwickeln einer Kollektion setzen viele Designer auf wiederkehrende Silhouetten.

Mit einem wiederkehrenden Umriss wird der Schwerpunkt der Kollektion bei der Präsentation zum Ausdruck gebracht. Diese Silhouette wird im Hinblick auf Form, Stoffgewicht, Platzierung und Proportion unterschiedlich interpretiert werden, aber als klar definiertes Element der Kollektion eine gewisse Stimmigkeit verleihen.

In der Modegeschichte tauchen oft Silhouetten auf, die in Kontrast stehen zu den Formen früherer Epochen. Mit weit schwingenden Röcken und figurbetonten Jacken setzte Diors New Look in den 1950ern die Wespentaille in Szene, die stark kontrastierte zu den schmalen Silhouetten der Kriegsmode. In den 1920er-Jahren hingegen herrschte eine lang gestreckte Silhouette mit vertiefter Taille vor: Mit vertikalen Linien schuf man androgyne, eckige Kreationen, die den Körper negierten und eine Reaktion auf die geschnürten Sanduhrfiguren der Jahrhundertwende darstellten. In jüngerer Zeit bildeten die weichen Jackenschultern der 1990er-Jahre einen Kontrast zu den streng wirkenden Schulterpolstern der Power-Suits der 1980er-Jahre.

△ **Dior forever** Dior arbeitete stets mit prägnanten Silhouetten, sodass seine Kollektionen als „H-Linie", „Y-Linie", „Tulpen-Linie" oder „8-Linie" bezeichnet wurden. Die trapezförmige Frühjahrskollektion 1955 ist als A-Linie bekannt.

PRAKTISCHE ERWÄGUNGEN

Überlegen Sie, wie die Silhouette bei den verschiedenen Looks hinsichtlich Platzierung, Proportion und Stoff abwechslungsreich variiert werden kann. Steht die A-Linie im Mittelpunkt der Kollektion, kann dies gleichermaßen mit einem Dreiviertelmantel aus steifem Baumwollcanvas, einer leichten Tunika aus Kaschmirstrick oder einem ausgestellten Seidenrock im Schrägschnitt zum Ausdruck kommen. Der Fall und die Textur der Stoffe, die Proportionen der Kleidungsstücke und die Farben kommunizieren unterschiedliche Stimmungen, ohne den Charakter der Kollektion zu verwässern.

LEKTION 15 DIE SILHOUETTE 73

△ **Sinfonie in A-Dur** Beethovens Musik und historische Herrenmode inspirierten zu der A-Linie und den Rüschendetails dieser Kollektion. Variiert man Proportionen und Stoffgewichte der Silhouette bei der Entwicklung der Kollektion, verhindert man Monotonie und Wiederholung.

◁ **Lang und schmal** Die vertikale Silhouette dieser streng geschnittenen Sportswear-Modelle wirkt selbstbewusst und professionell. Um eine kühle, ruhige und sachliche Ästhetik auszudrücken, sollten Sie die Silhouette nicht in allzu viele Segmente, Farben und Texturen zergliedern.

◁◁ **Buddhas Kreis** Zu dieser Kollektion inspirierte alte tibetische Kunst. Die Kokonsilhouette tritt in unterschiedlichen Ausprägungen auf. Ausgehend von einem Extrem, erschaffen Designer ein Silhouettenkonzept, das je nach beabsichtigter Vision in unterschiedlicher Intensität ausgeführt wird – so wird die Form manchmal nur angedeutet, ein anderes Mal eher übertrieben dargestellt.

LEKTION 16
Der Aufbau der Kollektion

Die Klarheit der Botschaft eines Designers entscheidet über den Erfolg einer Kollektion.

Die charakteristischen Kriterien der Kollektion – Motiv, Farbe, Stoff und kundenspezifische Elemente – müssen in ihrer Intensität variieren, sodass die ursprüngliche Inspiration an manchen Stellen ungefiltert zutage tritt und an anderen lediglich als Andeutung in kleinen Formen und Details auftaucht, die in den größeren Rahmen eingebettet sind.

Eine Inspiration in verschiedenen Ausprägungen zu präsentieren sichert nicht nur die Aufmerksamkeit des Publikums während der Show, sondern es eröffnet dem Designer auch einen großen Zielmarkt, während er gleichzeitig seinen Stammkunden Optionen für alle Anlässe bieten kann. Der Kunde möchte vielleicht an einem Tag einen sehr trendigen Look und ein anderes Mal dagegen eine weniger gewagte, konventionellere (und unter Umständen bequemere) Silhouette tragen.

Eine erfolgreiche Kollektion

Die Kollektion treibt die Mode voran

Danach streben alle Designer in jeder Saison. Auch wenn die Inspiration in der Vergangenheit gesucht wurde, muss Mode stets in die Zukunft blicken und danach streben, das existierende Marktangebot zu erneuern und in einen anderen Kontext zu setzen. Indem Designer innovative Technologien, Interpretationen sowie neue, zukunftsfähige Methoden erkunden und sogar neue Verbrauchergruppen erschließen, entwickeln sie unsere Kultur und die Modeindustrie weiter.

Die Kollektion ist unverwechselbar wie der Fingerabdruck des Designers

Ein originäres Produkt, das sich leicht einem bestimmten Designer zuordnen lässt, sichert den Kundenstamm und den Wiedererkennungswert der Marke. Oft verschwimmt der Eindruck der einzelnen Schauen während einer Modewoche; sie wirken uniform, ohne originelle Vision. Wenn es gelingt, in einem Meer von Designern unverwechselbar zu bleiben, gewinnt das Label Identität und Integrität.

◁ △ **Visionär** Die Botschaft eines Designers muss immer klar und fokussiert sein. Die strenge grafische Wirkung der Farben und Silhouetten wird hier durch steife Stoffe und geradlinige Accessoires unterstützt.

Die Intensität des Konzepts variiert

Mit einer Auswahl an Looks, von denen manche die Inspiration direkt vermitteln, während andere eher „verdünnte" Variationen darstellen, entsprechen Designer den wechselnden Stimmungen ihrer Kunden. Abwechslung sichert die Aufmerksamkeit des Publikums während der Laufstegpräsentation und ermöglicht Einzelhändlern, eine Kollektion einzukaufen, die unterschiedlichen Kundenvorlieben gerecht wird.

Das Angebot deckt die unterschiedlichsten Anlässe ab

Designer müssen ihren Kunden mit jeder Kollektion ein umfassendes Angebot bieten. Wenn dieses aus einer vollständigen Garderobe besteht, die Tages- und Abendmode, förmliche und legere Looks umfasst, ist gewährleistet, dass die Kunden für unterschiedliche Anlässe und Stimmungen etwas Passendes in der Kollektion finden. Bei einer typischen Laufstegpräsentation machen aufwendiger geschnittene Modelle mit vertikaler Silhouette den Anfang, gefolgt von individuelleren Sportswear-Looks, bei denen komplexere Kombinationen von Farbe, Textur und Silhouette im Vordergrund stehen; den Abschluss bildet die Cocktail- und Abendmode.

Achten Sie beim Aufbau der Kollektion darauf, neben Silhouetten, die eine extreme Ausprägung des Konzepts darstellen, auch Modelle anzubieten, die dieses in abgeschwächter Version lediglich andeuten.

Die Präsentationsabfolge sorgt für Dynamik und ein erzählerisches Element

Bei jeder Modenschau oder Präsentation ist die Abfolge, in der ein Thema vorgestellt wird, von wesentlicher Bedeutung. Manche Designer setzen auf definierte Farbpaletten, die einzelne Gruppen innerhalb des Gesamtablaufs der Show zu leicht zu erfassenden „Kapseln" zusammenfassen. Andere, wie etwa der kürzlich verstorbene Designer Alexander McQueen, entwickeln in ihrer Show eine Geschichte, die mit eher konventionellen Silhouetten beginnt und sich allmählich zu dem furiosen Finale einer Fantasiewelt der Extreme steigert. Ein weiterer Ansatz besteht darin, die Präsentation mit den extremen Silhouetten und Modellen zu durchsetzen, sodass sie das Thema oder das Konzept immer wieder in Erinnerung rufen und zwischen den konventionelleren Looks die Ausrichtung der Kollektion betonen. Ganz gleich, welchem dieser Ansätze Sie den Vorzug geben, es ist wichtig, für ein überraschendes sowie ein verbindendes Element zu sorgen.

▽ **Crescendo** Die Abfolge der Präsentation ist bei diesen Day-to-Night-Modellen gut durchdacht. Vertikale Silhouetten umrahmen die Looks in der Mitte, die mit Material- und Motivverknüpfungen spielen, und die Akzentfarbe wird sehr effektvoll eingesetzt.

KAPITEL 3
Der Designprozess

Eine Kollektion entwickelt sich durch eine Reihe kreativer Prozesse, die aufeinander aufbauen. Wenn der Designer die Geschichte der Kollektion schrittweise entwickelt, sorgt er für einen flüssigen und durchdachten Entwurfsprozess. Die einzelnen Entwicklungsschritte, von der Inspiration und der Konzeptfindung über die vertiefte Recherche, die Moodboard-Gestaltung und Stoffauswahl bis zur Erstellung der Entwurfsskizzen und der abschließenden Zusammenstellung der Looks, müssen konzentriert und methodisch angegangen werden. Diese Vorgehensweise gibt dem Modeschöpfer auch die Möglichkeit, Feedback von Kollegen, Redakteuren und Händlern einzuholen, bevor er mit dem nächsten Schritt die Kollektion weiter festlegt.

In diesem Kapitel wird ein gängiger Entwicklungsplan vorgestellt, der es ermöglicht, jede Etappe Ihres Designprozesses von der Inspiration bis zur vermarktbaren Zusammenstellung der Kollektion zu konzipieren und zu optimieren. Außerdem sorgt dieser Strategieplan für eine akkurate Zeitplanung, die in einem professionellen Atelier äußerst wichtig ist: So müssen z. B. die Stoffe rechtzeitig bestellt werden, damit sie vorhanden sind, wenn die Looks feststehen, und Musterteile angefertigt werden.

▷ **Schritt für Schritt** Es ist wichtig, das Design einer Kollektion schrittweise zu entwickeln, ob sie nun aus sechs oder 60 Looks besteht. Details und stimmige Gesamtwirkung müssen bei der Entwicklung einer Kollektion stets berücksichtigt werden.

KAPITEL 3 DER DESIGNPROZESS **77**

Auf den folgenden Seiten finden Sie Illustrationen von klassischen Schnittformen und elementaren Details von Kleidung, die Ihnen bei der Ideenentwicklung nützlich sein werden. Ein grundlegendes praktisches Verständnis für Schnittdetails hilft Ihnen, die jeweils beste Lösung für die Stoffwahl, das Konzept und den Markt zu wählen.

In ähnlicher Weise ist die Kenntnis wichtiger Silhouetten hilfreich, um eine Kollektion in einen thematischen Kontext zu setzen, und vielleicht führt sie sogar dazu, herkömmliche Klassifizierungen eines Kleidungsstücks infrage zu stellen.

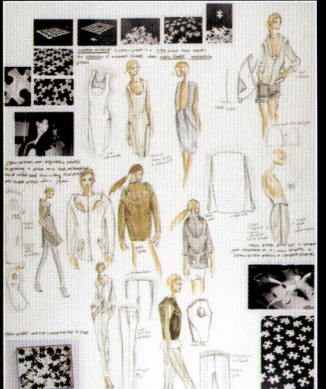

△ **Immer der Reihe nach** Die visuelle Verknüpfung eines Motivs zwischen den einzelnen Looks sorgt dafür, dass die Modelle bei der Präsentation aufeinander aufbauen. Zum Auftakt sollten Looks dezent auf die Kollektion einstimmen; die abschließenden Modelle dürfen dann ein Ausrufezeichen hinter die Präsentation der Kollektion setzen.

LEKTION 17
Moodboards

Ähnlich wie die Titelmusik eines Films weist ein Moodboard auf Stimmung, Farbe, Kundenprofil, Details und Ästhetik hin.

Moodboards werden verwendet, um einer Gruppe eine Entwurfsmappe vorzustellen oder um Ateliermitarbeiter auf die Kollektionsentwicklung vorzubereiten. Das Moodboard ist für den Betrachter gewissermaßen ein „bewohnbarer Raum", in dem er sich in die jeweilige Ideenwelt hineinversetzen kann. Es vermittelt dem Designteam die Grundlagen für die Suche nach Material und Stoffen.

Der Erfolg eines Moodboards ist abhängig von den Bildern und künstlerischen Ausdrucksmitteln, die die angestrebte Stimmung und Aura der geplanten Kollektion verdeutlichen. Dabei ist das, was nicht dargestellt wird, ebenso bedeutsam wie die aufgezeigten Elemente.

Abbildungsmaßstab, Anordnung, Bildbearbeitung, z.B. am Computer, Papierwahl und Bildarten müssen die Intention unterstützen und dem Team ebenso wie einem unvoreingenommenen Betrachter eine klare Richtung aufzeigen.

Ein gelungenes Moodboard ist eine Vorschau auf die künftige Kollektion. Es kann auch dazu dienen, um bei Preview-Meetings die Reaktion von Redakteuren und Händlern auf das geplante Konzept zu testen, bevor die Kollektion weiterentwickelt wird.

△▽ **Motiv und Sinngehalt** Die ursprüngliche Inspiration – Arbeitspferde in Fabriken des 19. Jahrhunderts – wurde in der Kollektion zu einer Anspielung auf die Misshandlung von Tieren durch den Menschen umgesetzt. Formen, die an Zaumzeug und Pferdegeschirr erinnern, fügen sich zu einer Kollektion, die eher sanft ausklingt.

◁ **Klare Anordnung**
Designer ordnen die Stoffmuster in der Stoffpalette meist in der Reihenfolge an, die dem späteren Kollektionsablauf entspricht, um Farbrhythmus und stimmige Gesamtwirkung zu überprüfen.

PRAKTISCHE ERWÄGUNGEN

Analysieren Sie für die Gestaltung des Moodboards zunächst die Botschaft und die Reichweite der Kollektion. Dann überlegen Sie, wie Ihr Board dieselben Emotionen wecken kann, die das Publikum bei der Präsentation Ihrer Kollektion empfinden soll. Studieren Sie anschließend Material zu Farben, Silhouetten, historischen Kostümdetails, Styling, Texturen, Textilgestaltung und anderen designspezifischen Aspekten. Reduzieren Sie die Auswahl schließlich auf die Bilder, in denen das Konzept der Kollektion am besten durchscheint.

◁ **Überraschende Wendung**
Gedanken über den zwei- und dreidimensionalen Einsatz von Linie in Kunst und Architektur führten den Designer letztlich zu dem Bild einer Apfelschale, die in beiden Dimensionen betrachtet werden kann.

▽ **Angewandte Prinzipien** Ausgehend von der Inspiration der Apfelschale und des Schälvorgangs, werden in diesen Skizzen die Beziehungen und Dimensionen der Linie untersucht. Es wurde analysiert, wie aus Teilen dieser Linien neue Formen, Texturen und variierende Motive entwickelt werden können.

KAPITEL 3 DER DESIGNPROZESS

LEKTION 18
Schnittdetails und Silhouetten

Ein umfassendes Vokabular an bekleidungstechnischen Details und klassischen Silhouetten ist ein grundlegendes Werkzeug beim Entwerfen einer Kollektion.

Kenntnisse im Bereich der Schnittkonstruktion verbessern auch Ihre Fähigkeit, eine Kollektion im Gesamtkontext des Themas und der Inspiration zu sehen. Ikonische Kleidungsstücke und Details wie etwa die Safarijacke oder der Matrosenkragen können auf ein Thema anspielen, mit dem ein Designer Form und Kontext aktualisiert hat, und sogar als Ausgangspunkt für ein erzählerisches Element dienen.

Auf den folgenden Seiten finden Sie gängige Bezeichnungen von Silhouetten und Schnittdetails. Ihre Abwandlung kann eine Kollektion in eine neue Richtung lenken. Wie verändert sich der Charakter einer Bikerjacke, wenn sie statt aus Leder aus transparentem Chiffon konstruiert wird? Wie könnte man Denim mit der Silhouette eines Abendkleids verbinden und so die ursprüngliche Funktion des Materials dekonstruieren? Würde sich das Tragegefühl verändern, wenn man einen Trenchcoat in Strick- statt in gewebtem Stoff ausführt?

Ärmelabschlüsse

Roll-up-Manschette · Umschlagmanschette · Sportmanschette mit Knopf · mit Schlitz · mit geknöpfter Lasche · mit Ärmelriegel · breite Manschette · Rippenbündchen · mit Gummizug · Rüschenmanschette

Taschen

Paspeltasche · Paspeltasche mit Knopf · Paspeltasche mit Lasche · Pattentasche · Paspeltasche, verstärkt · geschwungene Paspeltasche · Paspeltasche mit Reißverschluss

Kängurutasche · Blasebalgtasche

Tascheneingriffe

doppelte aufgesetzte Tasche · aufgesetzte Tasche mit Paspel · aufgesetzte Tasche · aufgesetzte Tasche mit Patte · runde Eingrifftasche · schräge Eingrifftasche · Cargo-Tasche · runde Eingrifftasche und Kleingeldtasche

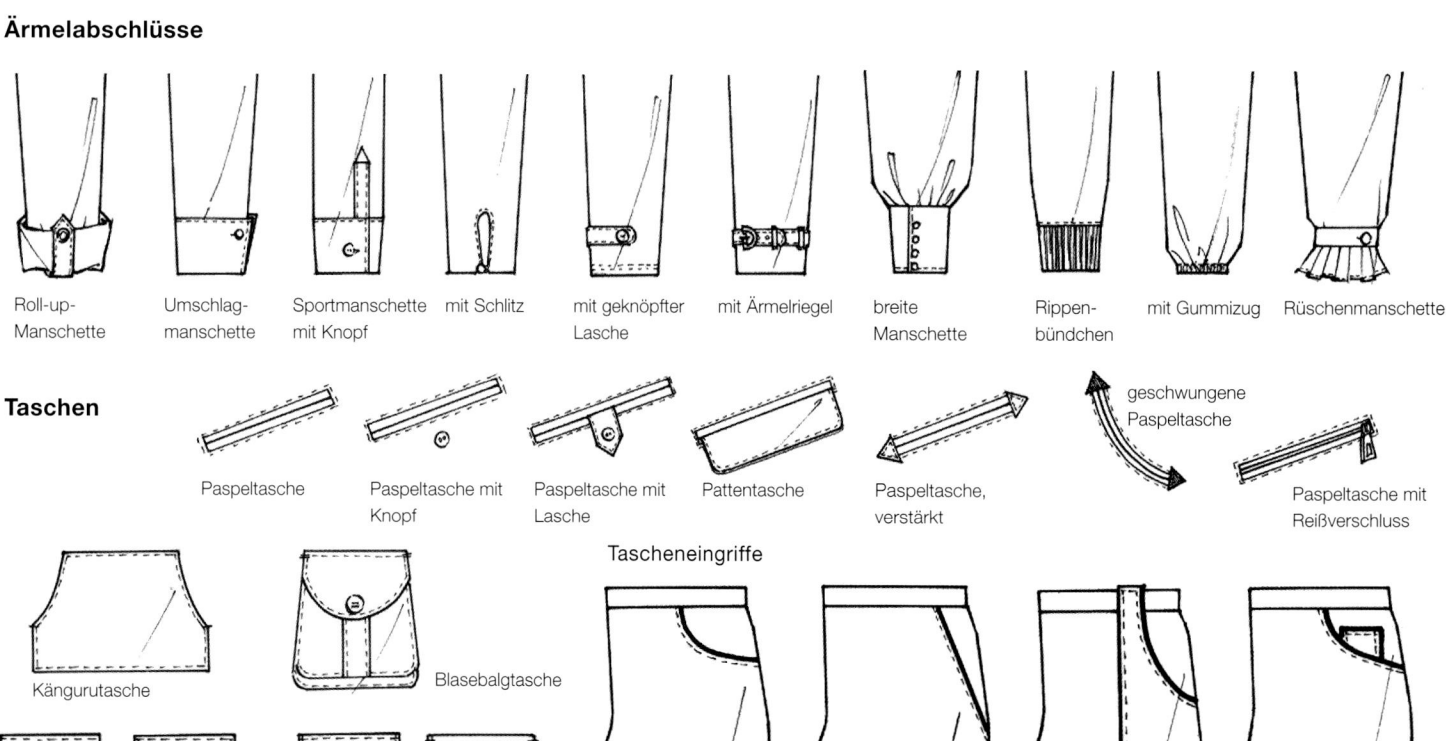

LEKTION 18 SCHNITTDETAILS UND SILHOUETTEN

Kragen und Ausschnittformen

- Stehbundkragen
- Henley
- Rundhals
- U-Boot-Ausschnitt
- Schlüssellochausschnitt
- angeschnittener Stehkragen
- Rollkragen
- Smokingkragen
- Bubikragen
- V-Ausschnitt
- Wasserfallkragen
- mit Bolotie (Cowboykrawatte)
- mit Fliege
- mit Ascotkrawatte
- Mandarinkragen
- Schildkrötkragen
- eckiger Ausschnitt
- Wasserfall-Volant
- Jabot
- Schluppenkragen
- Schalkragen
- Rundhals mit Biesen
- Cœur-Dekolleté
- steigendes Revers 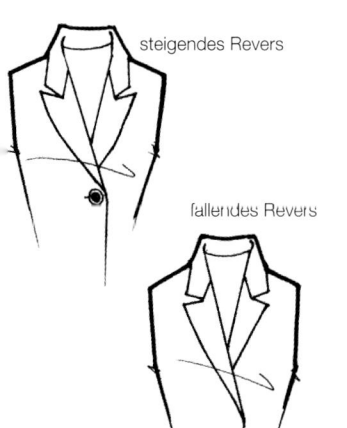
- fallendes Revers

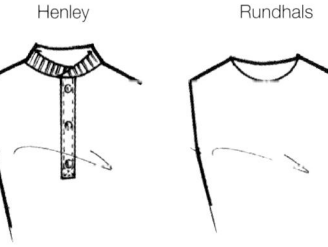

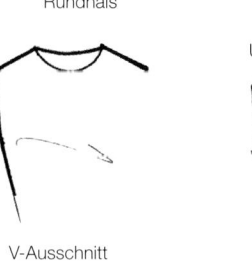

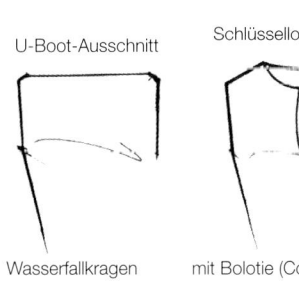

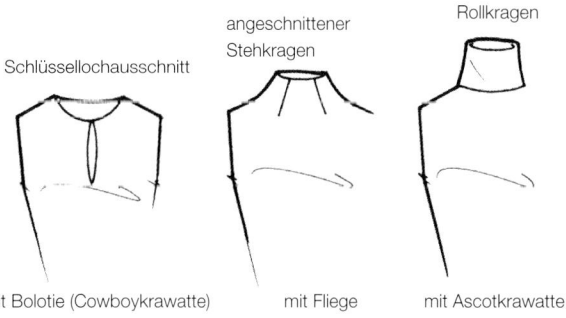

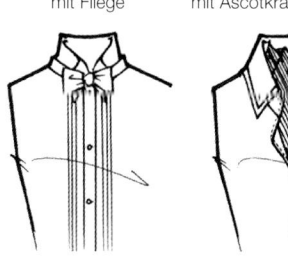

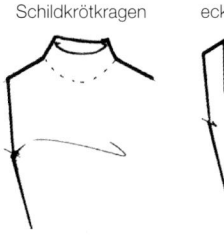

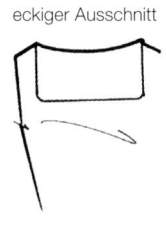

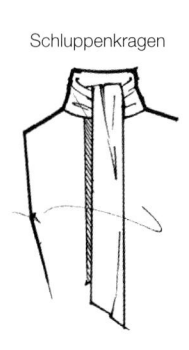

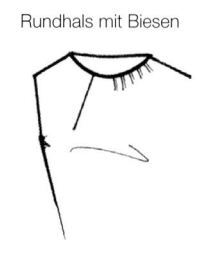

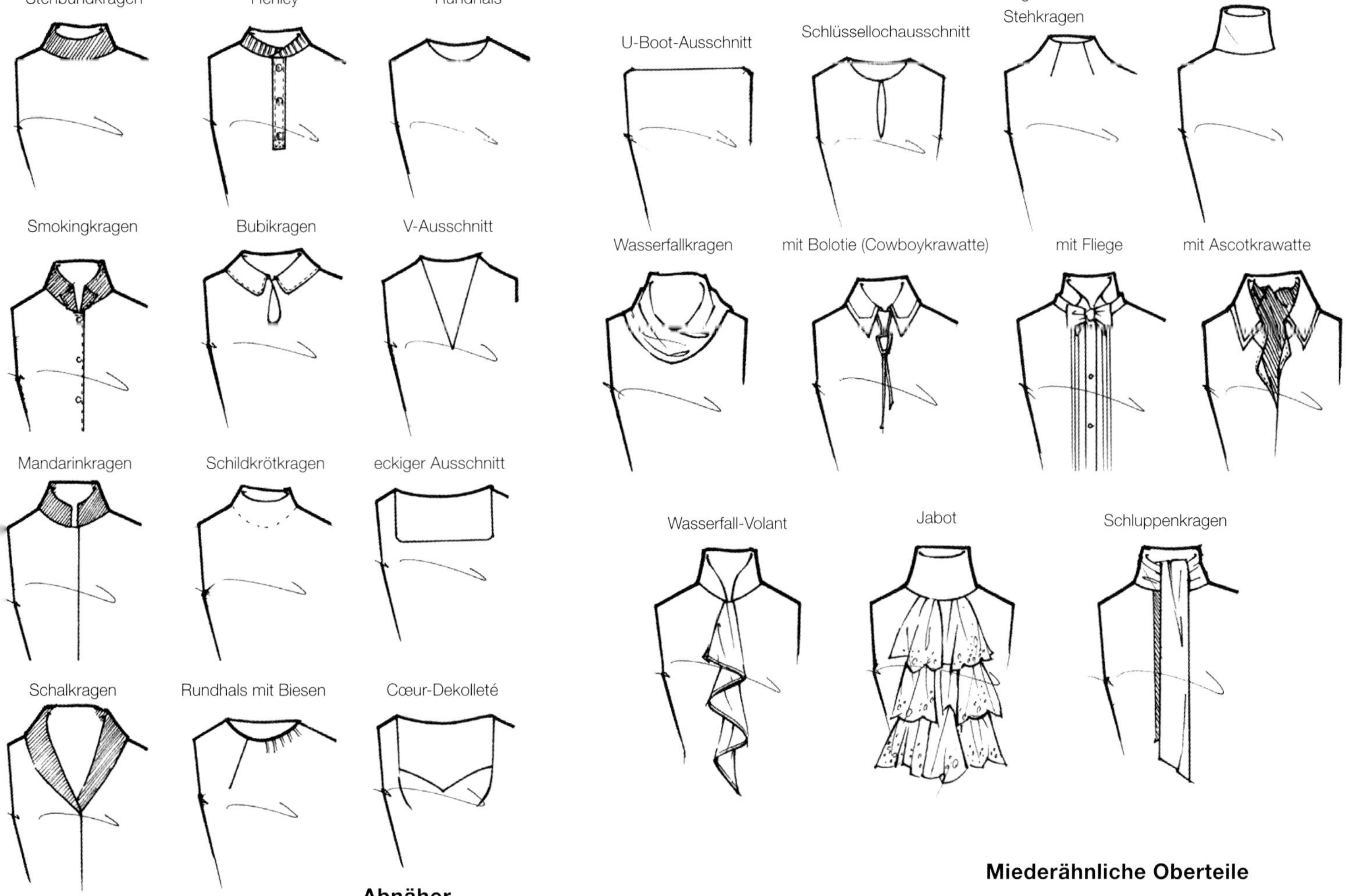

Abnäher

- in Fächerform
- Armlochabnäher
- asymmetrisch
- T-förmig
- Schulterabnäher
- Schulter- und Taillenabnäher
- Brust- und Taillenabnäher
- abgeschrägte Brustabnäher

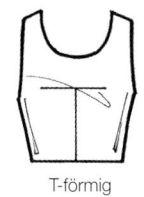

Miederähnliche Oberteile

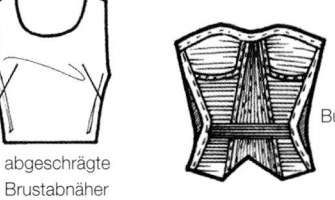

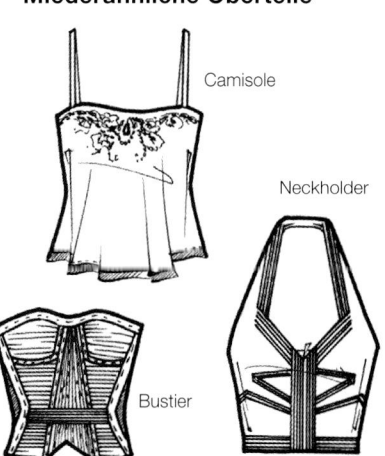

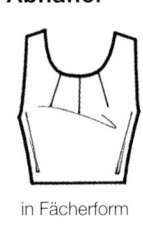

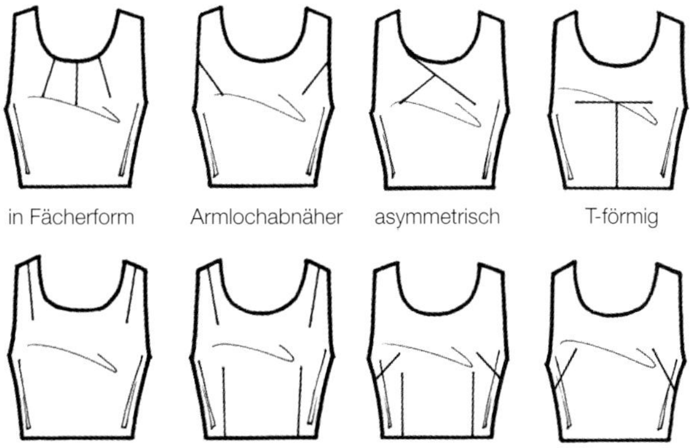

- Camisole
- Neckholder
- Bustier

82 KAPITEL 3 DER DESIGNPROZESS

Oberteile

- Rugby-Shirt
- Polo-Shirt
- T-Shirt
- Camp-Shirt
- Henley-Shirt

Schulterklappe

Schulterklappe im Detail

- ärmelloses Top
- Smokingweste
- Damenweste

Hemdendetails

- Passe
- Kragen
- Kragensteg
- Brusttasche
- Ärmel
- Vorderteil
- Knopfleiste
- Manschette

Blusen und Hemden

- ärmelloses Top
- Westernhemd
- Bowlinghemd
- Matrosenbluse 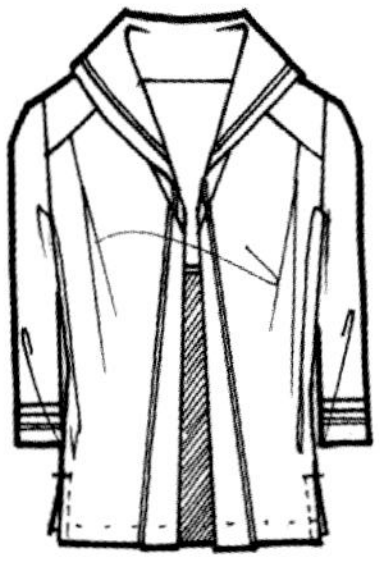
- Gypsy-Bluse 
- Kasack
- Smokinghemd

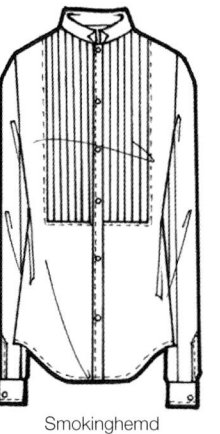

LEKTION 18 SCHNITTDETAILS UND SILHOUETTEN 83

Jacken und Mäntel

Kokon-Jacke	Caban	
		Raglanmantel
		Norfolk-Jacke
		Motorradjacke
		Parka

Trenchcoat

Mackintosh

Chesterfield

Kent-Jacke

klassischer Blazer

Regency-Blazer

Dufflecoat

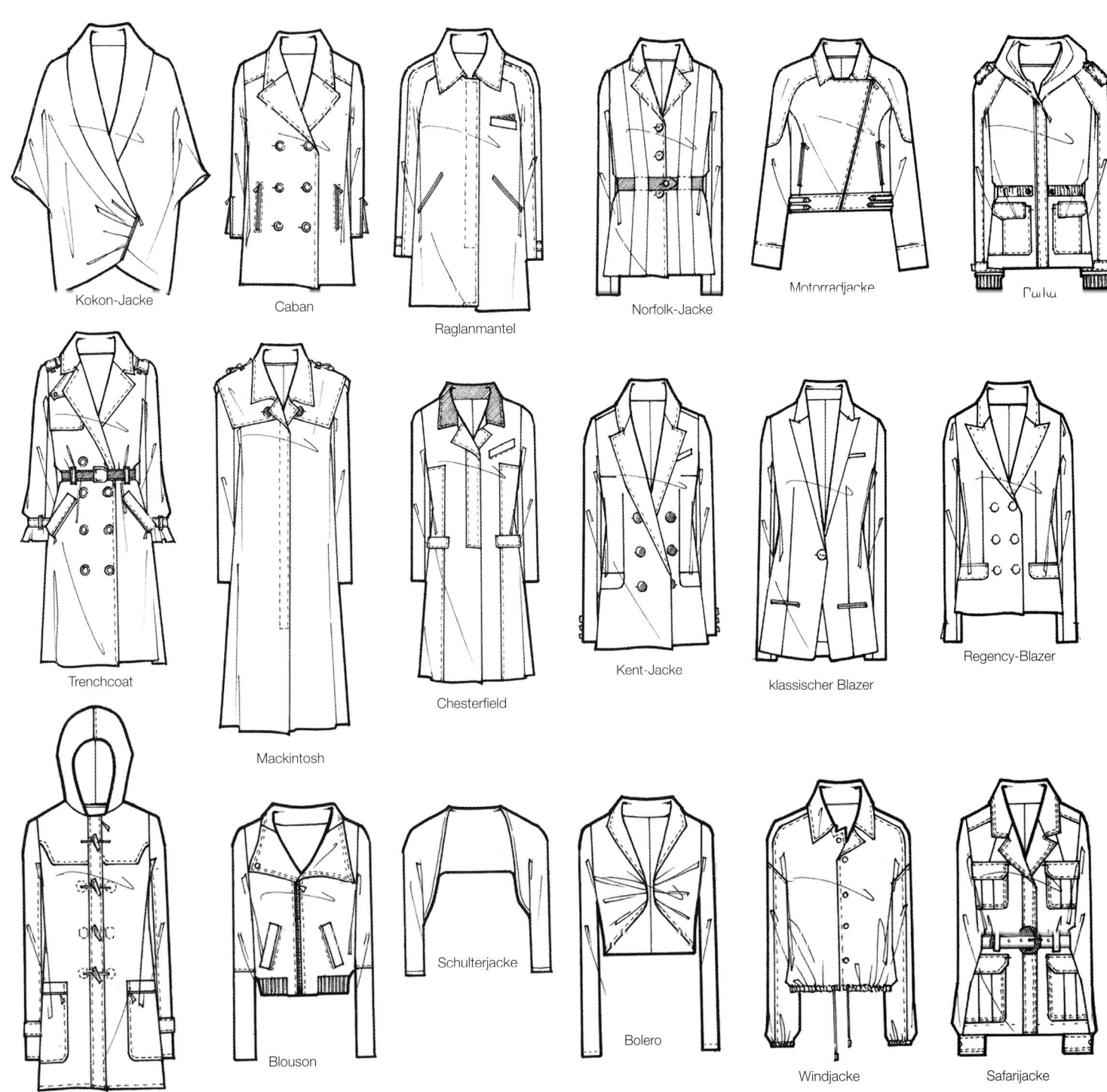

Blouson

Schulterjacke

Bolero

Windjacke

Safarijacke

84 KAPITEL 3 DER DESIGNPROZESS

Röcke

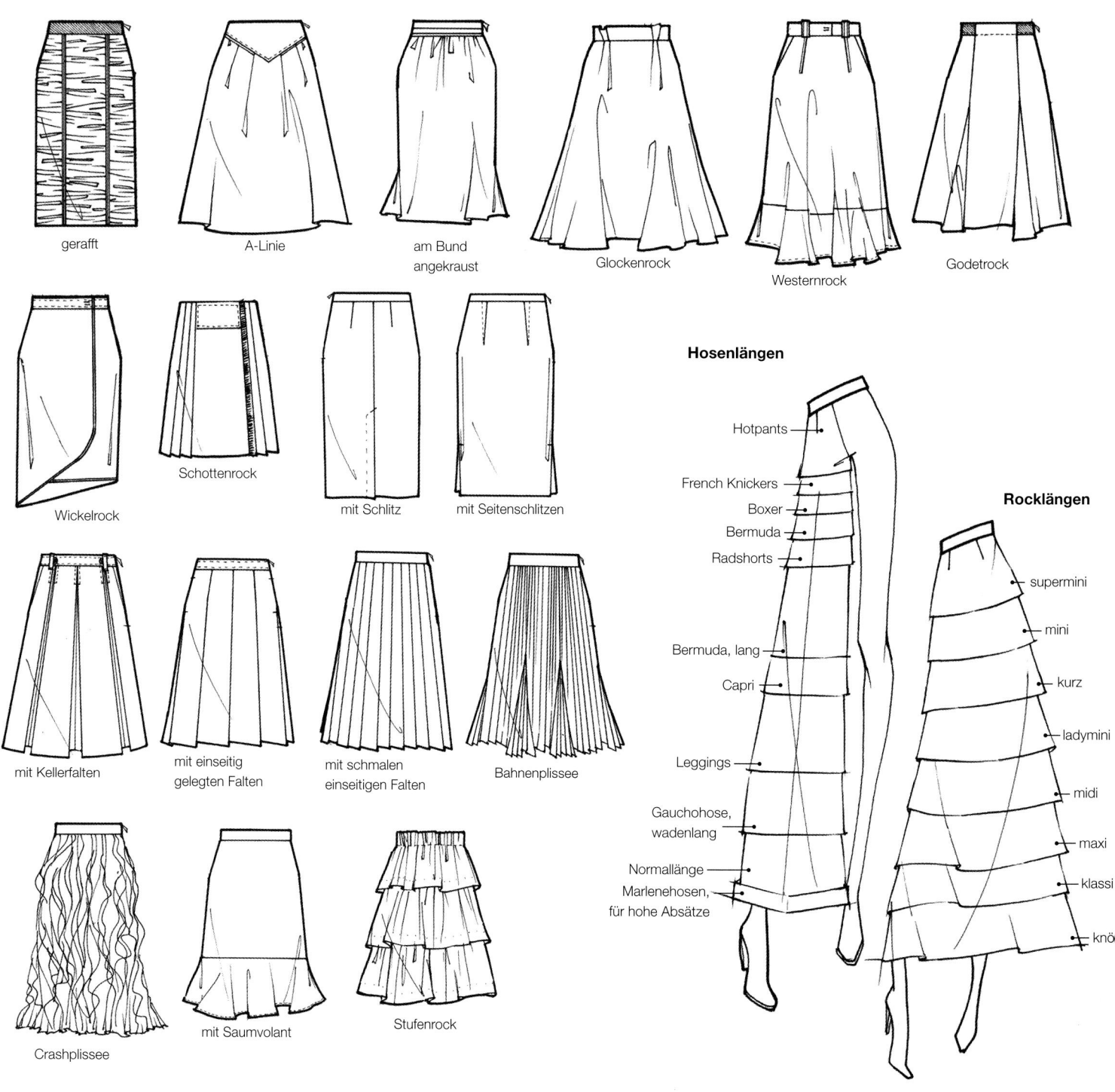

- gerafft
- A-Linie
- am Bund angekraust
- Glockenrock
- Westernrock
- Godetrock
- Wickelrock
- Schottenrock
- mit Schlitz
- mit Seitenschlitzen
- mit Kellerfalten
- mit einseitig gelegten Falten
- mit schmalen einseitigen Falten
- Bahnenplissee
- Crashplissee
- mit Saumvolant
- Stufenrock

Hosenlängen

- Hotpants
- French Knickers
- Boxer
- Bermuda
- Radshorts
- Bermuda, lang
- Capri
- Leggings
- Gauchohose, wadenlang
- Normallänge
- Marlenehosen, für hohe Absätze

Rocklängen

- supermini
- mini
- kurz
- ladymini
- midi
- maxi
- klassi
- knö

LEKTION 18 SCHNITTDETAILS UND SILHOUETTEN 85

Kleider

Neckholder

Wickelkleid

Trapezform

Trägerkleid

mit Empire-Taille

Ballonkleid

Etuikleid mit Drapierung

Blousonkleid

Asiakleid

Hemdblusenkleid

tailliertes Trägerkleid

LEKTION 19

Das Skizzenbuch

Bei der Arbeit mit dem Skizzenbuch sind alle bisher vorgestellten praktischen und konzeptionellen Fähigkeiten gefragt.

Ein Modedesigner muss das Skizzieren beherrschen. Das Skizzenbuch stellt den kreativen Raum dar, in dem ein Designer experimentieren, Konzepte darstellen, Konstruktionen darlegen, Stimmungen darstellen und Ideen ausarbeiten kann, wo er Fehler machen darf und letztlich eine gelungene Kollektion erarbeitet. Kurz zusammengefasst, ein Skizzenbuch ist eine visuelle Dokumentation der Kollektionsentwicklung.

PRAKTISCHE ERWÄGUNGEN

Jeder Designer hat seinen eigenen Stil bei der Arbeit mit dem Skizzenbuch. Es ist wichtig, dass Sie bei der Ideenentwicklung herausfinden, welche Arbeitsweise am besten geeignet ist, Ihrem kreativen Prozess Freiraum zu geben und gleichzeitig stimmige Ergebnisse zu erzielen. Experimentieren Sie mit der Größe des Buchs, mit Papierbeschaffenheit, Illustrationsmaterialien, Seitenlayout und Arbeitsmethoden, um Ihren persönlichen Arbeitsstil zu finden.

▽ **Gestalterische Intention**
Farbabstimmung, klare Linien und ausgewogene Proportionen tragen dazu bei, das Konzept präzise zu vermitteln.

RATSCHLÄGE FÜR DAS EXPERIMENTIEREN MIT DEM SKIZZENBUCH

Buchgröße

Wählen Sie eine Größe, die Sie gut handhaben können und die es Ihnen ermöglicht, auf den Seiten mit maßstabsgerechten Figuren in einer gut durchdachten Komposition zu arbeiten. Es ist entscheidend für den Designprozess, dass man erkennen kann, wie sich eine Kollektion entwickelt – es reicht nicht, die Seiten mit isolierten Figuren zu füllen. Eine bewährte Größe für ein Skizzenbuch ist z. B. 28 x 35 Zentimeter. Achten Sie auch auf Papier, das sich gleichermaßen für trockene wie feuchte Medien eignet.

Designpräsentation

Ob ein Entwurf den Betrachter beindruckt, hängt stark von mehreren Faktoren ab. Zunächst ist der Maßstab wichtig: Ist der Maßstab zu klein, geht z. B. beim Zeichnen einer Taschenform oder einer Kragenspitze im akkuraten Größenverhältnis das Spezifische und damit die gestalterische Intention verloren.

Ebenso wichtig ist die Art und Weise, wie ein Design entwickelt und auf einer Seite dargestellt wird. Werden die Proportionen und die Silhouette eines Kleidungsstücks an einer Figur entwickelt, können technische Zeichnungen und vergrößerte Darstellungen spezifischer Details das Design und die Intention verdeutlichen. Beim Arbeiten mit dem Skizzenbuch ist eine klare visuelle Kommunikation des Entwurfs von wesentlicher Bedeutung, damit ein Betrachter Ihren Entwicklungsprozess nachvollziehen kann und Sie als Designer bei der Weiterentwicklung einem roten Faden folgen können.

LEKTION 19 DAS SKIZZENBUCH 87

METHODEN FÜR DEN DESIGNPROZESS

Viele Designer überfordert es, sich gleichzeitig mit dem Entwurfsprozess, dem Seitenlayout und mit akkuraten Skizzen zu befassen. Sie machen es sich leichter, wenn Sie in zwei Schritten vorgehen.

• Ordnen Sie auf den Seiten mit Bleistift gezeichnete Figuren so an, dass dazwischen ausreichend Platz bleibt für Details und technische Zeichnungen; eine Grundfigurine mit einer S-Linie und hoch angesetzter Hüfte ist alles, was Sie benötigen. Unterbrechen Sie nach fünf bis sechs Seiten, um sich dann in den kreativen Designprozess einzudenken, bei dem Sie sich in die Stimmung und das Konzept der Kollektion vertiefen.

• Versuchen Sie, einen für Sie geeigneten Einstieg in den Designprozess zu finden. Manche Designer arbeiten gern planvoll und von links nach rechts, um die Weiterentwicklung des Entwurfs klar zu überblicken. Andere skizzieren lieber zunächst Entwürfe an den vorgezeichneten Figuren und wenden sich anschließend den Freiflächen zu, um sie mit detaillierteren technischen Zeichnungen zu den Entwürfen an der Figur zu füllen. Designer, denen es schwerfällt, sich auf einen spezifischen Aspekt der Kollektion zu konzentrieren, entwerfen vielleicht lieber zunächst isolierte technische Zeichnungen von Kleidungsstücken und arbeiten in einem zweiten Arbeitsgang den Rahmen mit Motiv, Farbe und Stoff aus.

Unabhängig von der Herangehensweise, für die Sie sich entscheiden, muss ein Skizzenbuch stets eine visuelle Dokumentation des Designprozesses darstellen, die Umsetzung des Themas in die Kollektion illustrieren, den Entwurf und konzeptionelle Ideen klar vermitteln und für die spätere Zusammenstellung der Looks diverse Variationen bieten.

△△ **Charakterskizze** Der Stil des Designers und sein Kundenprofil offenbaren sich in der Illustration, der Figurengestaltung oder dem Zeichenmedium. Die Beschäftigung mit den Arbeiten von Modeillustratoren kann Inspirationen für einen eigenen gelungenen Ansatz liefern.

△ **Ordnung schaffen** Eine gleichbleibende Anordnung der einzelnen Gruppen bietet dem Betrachter ein festes Gerüst, sodass er sich auf die Designentwicklung konzentrieren kann. Inspirationsmaterial, Stoffmuster und Skizzen erzählen eine schlüssige Geschichte.

▽ **Herausfiltern von Elementen** Eine gut geplante Recherche ist der Ausgangspunkt, um aus unterschiedlichsten Quellen Inspirationen für Farben, Muster und Stoffe und Motive filtern zu können. Fehlt es an Material, dann sollten Sie Ihr Rechercheziel noch einmal überdenken.

▷ **Persönlichkeitsentwicklung** Diese komplexe Entwicklung von Blusendesigns zeigt, wie sich die Persönlichkeit eines Kleidungsstücks schon durch kleinste Veränderungen wandelt. Varianten einer Chiffonbluse mit ähnlicher Silhouette erhalten durch unterschiedliche Nähte individuellen Charakter.

DIE KENNZEICHEN EINES GELUNGENEN SKIZZENBUCHS

Strukturierter Rahmen

Wenn im Skizzenbuch durchgehend dieselbe Präsentation für alle Entwurfsgruppen beibehalten wird, fällt es leichter, sich auf die Kleidung selbst zu konzentrieren. Dabei sollten zu jeder Gruppe einige Inspirationsseiten, Stoffmuster, etwa 40 bis 50 Skizzen, eine Seite mit Accessoires und sechs bis acht ausgearbeitete Looks zu finden sein. Durch die Inspirationen und Stoffmuster auf den ersten Seiten erhält der Betrachter einen ersten Eindruck von den Farben, Stoffen, Motiven, Silhouetten und der Stimmung der Kollektion.

Klare Kommunikation

Anmerkungen, eine präzise Wiedergabe der Stoffe, Farben, die genau auf die Stoffmuster abgestimmt sind, ein Skizzenmaßstab, der es ermöglicht, akkurat Details darzustellen, und ein gelungenes Seitenlayout ermöglichen dem Betrachter, die Designentwicklung nachzuvollziehen, und stellen sicher, dass Intention und spezifische Charakteristika des Entwurfs richtig verstanden werden.

Kontextebenen

Eine gelungene Entwurfsgruppe bringt die Inspiration eingehend und auf unterschiedlichen Kontextebenen zum Ausdruck. Beginnen Sie innerhalb einer Gruppe möglichst mit den Aspekten, die optisch im Vordergrund stehen oder extrem hervorstechen, und entwickeln Sie diese dann weiter: Wie können Elemente, die aus der Inspiration direkt übernommen wurden, wie Silhouette, Stoffgestaltung, Farbbeziehungen oder Schnittkonstruktion, in einen breiteren Kontext übertragen werden, der dennoch die Idee wiedergibt und die Stimmung beibehält?

LEKTION 19 DAS SKIZZENBUCH 89

◁ **Thema mit Variationen**
Es ist wichtig, mit Proportionen, Farbbeziehungen sowie Details zu arbeiten, diese Elemente zu kombinieren, zu experimentieren und unterschiedliche Designversionen zu erstellen. So finden Sie die beste Lösung und erreichen die Verwirklichung Ihrer Ideen.

Vielfalt und Variation

Ein Hauptzweck des Skizzenbuchs ist es, dem Designer zu ermöglichen, erste Überlegungen zum Entwurf weiterzuentwickeln und mögliche Designvariationen zu untersuchen. Durch Veränderung von Proportionen und Details eines Kleidungsstücks, die Erkundung neuer Wege zur Entwicklung und Anpassung einer Silhouette, die Wahl unterschiedlicher Stylingansätze für die Kollektion sowie die Verknüpfung von Modellen durch die Übertragung von Details und/oder eines Motivs schafft ein Designer die nötige Vielfalt für eine Kollektion mit einem abgerundeten Gesamteindruck.

Strategische Zusammenstellung

Die Anzahl der Stoffe und der entsprechenden Silhouetten, ein breites Angebot von Modellen für unterschiedliche Anlässe und Wetterbedingungen sowie variantenreiche Abstufungen der Entwürfe mit verschieden stark ausgeprägtem Design sind Faktoren, die dazu beitragen, den Zielkunden eine abgerundete Kollektion zu präsentieren. Aus diesem Angebot wiederum können auch Händler die Stücke wählen, die ihren Kunden am besten entsprechen.

Identität

Für einen Designer zählt es zu den wichtigsten Aspekten, über die Skizzenbücher eine unverwechselbare Persönlichkeit zu vermitteln, die seinen Entwürfen Überzeugungskraft verleiht. Überlegen Sie, wie Sie Ihr Profil am besten zum Ausdruck bringen. Wie können das Illustrationsmedium, das Styling der Figuren, Layout und Komposition, Stil der Textelemente, die Befestigung der Bilder und Stoffmuster etc. eine klar definierte Identität und Ästhetik kommunizieren?

Ihr Skizzenbuch ist vergleichbar mit dem Raumdesign einer Boutique. Es sollte dem Stil der Kleidung entsprechen, ohne zu dominieren: Die Kollektion steht stets im Mittelpunkt.

LEKTION 20
Die Kollektion zusammenstellen

Ein Designer wird nur erfolgreich sein, wenn er die Entwürfe so aufbereiten kann, dass eine ausgefeilte, vermarktbare Kollektion entsteht.

Um das künstlerische und wirtschaftliche Potenzial einer Kollektion bestmöglich auszuschöpfen, bedarf es einer guten Kundenkenntnis, eines scharfen Blicks für künftige Modeentwicklungen, eines regen Austauschs mit den Händlern und ihren Kunden sowie der Erstellung eines Strategieplans für die Entwicklung des Markenimages.

Etwas für jeden und jeden Anlass

Manche Designer entwerfen eine Laufstegkollektion, um Medienwirbel zu erzeugen, sowie eine zweite Kollektion für den Handel, die auf diesen Show-Modellen basiert. Andere Modehäuser, insbesondere solche, die auf Laufstegpräsentationen verzichten, folgen einem strikten Vermarktungskonzept, das vorgibt, zu welchem Zeitpunkt die einzelnen Auslieferungen im Einzelhandel erscheinen und aus welchen Kleidungsstücken sich eine Kollektion zusammensetzt.

Für ein erfolgreiches Vermarktungskonzept lautet der Grundsatz „Alles aus einer Hand". Eine Kollektion muss dem Kunden sämtliche Kleidungskategorien mit unterschiedlich stark ausgeprägten Entwürfen und Variationen der eigentlichen Idee bieten. Die Kollektion sollte zwar im Hinblick auf Stimmung, Stoffauswahl und Preissegment eine Einheit bilden, aber die Präsentation einer Jacke in einer konventionelleren Silhouette neben einer trendigeren Variante spricht nicht nur zwei unterschiedliche Kundentypen an, sondern bietet auch Ihren Stammkunden Modelle für zwei unterschiedliche Anlässe und Stimmungen.

▷ **Höhen und Tiefen** Eine gut aufbereitete Kollektion wie diese bietet dem Kunden ein breites Spektrum an Silhouetten, Stoffen, Designvariationen und Preislagen im Rahmen des Marktsegments.

Beispiel für eine gut vermarktbare Kollektion

Natürlich beeinflussen Kriterien wie Saison oder Kundenprofil die Zusammenstellung. Doch eine typische Kollektion mit sechs bis acht Looks könnte folgende Modelle beinhalten:

Drei Jacken- und Mantelmodelle

Das Angebot sollte eine förmlichere Silhouette, eine kürzere Version und eine trendige Variante umfassen. In einer Herbst/Winter-Kollektion könnten das z. B. ein Kamelhaarmantel in Dreiviertellänge für formelle Anlässe und das Berufsleben, eine hüftlange Cabanjacke aus mittelschwerem Wollfilz mit dezenten Nadelstreifenkaros für mildere Temperaturen sowie eine mit Kaschmir gefütterte Nylon-Kapuzenjacke mit Reißverschluss für die Freizeit sein.

Zwei bis drei Jacketts

Zwar bieten nicht alle Designer klassische Jackettschnitte an, doch sollte diese Kategorie zumindest in Form des Stoffgewichts vorhanden sein. Als Material eignen sich z. B. Woll- und Baumwollstoffe, Glatt- und Wildleder, Nylon sowie feste Maschenstoffe. Als Modelle kommen z. B. ein Hosenanzug für berufliche Anlässe und eine legerer geschnittene gemusterte Jacke mit weichen Schultern infrage sowie eine unkomplizierte Silhouette in Leder oder eine kurze Stoffjacke in Metallic-Optik.

Zwei bis drei Hemden/Blusen aus leichtem Stoff
Eine einfache, klassische Silhouette kann in einem Lagenlook kombiniert, ein Modell mit aufwendigerem Design jedoch auch einzeln getragen werden. Manche Designer präsentieren ein breites Spektrum an Designs und Stoffen, während andere Labels eine begrenzte Palette zeigen. Eine Zwischenkollektion könnte z. B. aus einem klassischen weißen Baumwollhemd als Teil eines Schichtenlooks, einer Bluse aus Seidengeorgette mit buntem Druckdessin und einem drapierten Trägertop aus Chiffon im Schrägschnitt bestehen.

Zwei bis drei Modelle aus Strickstoff
Auch Maschenwaren eignen sich für den Lagenlook oder als auffallende Einzelstücke. Es ist wichtig, Strickmodelle mit extrem unterschiedlichen Gewichten zu präsentieren, damit sie dem Kunden nicht als Wiederholung erscheinen. Ein konfektioniertes Langarm-T-Shirt aus Jersey, eine Fully-Fashioned-Jacke aus zartem Kaschmirstrick mit architektonischen Rippenmuster-Details, ein Pullover mit Muster oder Motiv aus mittelstarkem Baumwollgarn, ein Modell aus gestricktem Wildledergarn, das ein Texturelement einbringt, sowie ein modellierter, grober Wollpullover als markanter Blickfang verdeutlichen dem Kunden die unterschiedlichen „Trageerlebnisse" und Einsatzmöglichkeiten von Maschenwaren.

Zwei bis drei Hosen
Von weiten und schmalen Hosenbeinen mit und ohne Umschlag über formellere Modelle mit und ohne Bundfalte bis zu sportlichen mit Kordelzug oder sogar Strick-Leggings – präsentieren Sie dem Kunden Hosen mit den unterschiedlichsten Formen, Details und Materialien.

Achten Sie auch auf die Verwendungsmöglichkeiten, welche die Stoffe vorgeben. Eine Zwischenkollektion könnte z. B. wie folgt aussehen: ein formeller Schnitt mit weit schwingendem Hosenbein, eine feste schmale Röhre, die die Silhouette streckt, sowie ein Modell aus einem außergewöhnlichen Material wie Nylon oder Seide. In Frühjahrs- und Sommerkollektionen sind außerdem Shorts einzubeziehen.

Zwei bis drei Röcke
Die Auswahl der Röcke muss wie die der Hosen genau auf das Marktsegment und die Stimmung der Kollektion sowie die Kundenbedürfnisse abgestimmt sein und gleichzeitig variierende Silhouetten, Stoffgewichte und Details aufweisen. Die Röcke einer Zwischenkollektion müssen vielseitig einsetzbar und gut kombinierbar sein, von einem schlichten Rock in A-Linie aus demselben Stoff wie das klassische Jackett über einen Nylonrock mit Steppverzierungen bis zu einem knielangen bedruckten Modell aus Seide im Schrägschnitt, das als elegantere Option auch in den Abend hinein getragen werden kann.

Ein bis zwei Kleider
Anzahl und Anspruch der angebotenen Kleider können variieren – vom schlichten Etuikleid, das dem Farbfluss oder als unterstützendes Element in der Kollektion dient, bis zum komplexen geschichteten Modell, von einem skulptural drapierten Schlauchkleid aus Seidenjersey bis zu einem detailreichen Sommerkleid aus Baumwollvoile. Ein Kleid kann durch ausdrucksstarkes Design oder Material zu einem eigenständigen Blickfang gemacht werden oder als schlichtere Silhouette den Hintergrund für ein darüber platziertes Kleidungsstück bilden. Mittels Farbe oder Motiv stellt es den Bezug zur Gesamtkollektion her.

Die Präsentation im Skizzenbuch
Es ist wichtig, im Anschluss an die Entwurfsentwicklung eine Seite zusammenzustellen, auf der alle endgültigen Looks in der Reihenfolge der späteren Präsentation zu sehen sind. Bei dieser Zusammenstellung haben Sie die Möglichkeit, die Feinabstimmung des Designs der gesamten Gruppe vorzunehmen, bevor Erstmodelle aus Nesselstoff angefertigt werden. Wenn man die Looks nebeneinander sieht, können noch einmal Farbfluss, Texturanordnung, Stoffkombinationen, die Motivgestaltung, die Stimmigkeit der Silhouetten und die Gesamtwirkung der Kollektion beurteilt werden. Vor allem bei klassischen Sportswear-Kollektionen ist es extrem wichtig, die Kombinierbarkeit der Einzelstücke zu überprüfen, um dem Kunden ein breites Spektrum an Stylingvorschlägen zu präsentieren.

92 KAPITEL 3 DER DESIGNPROZESS

△ **Wochenende im Sattel**
Die Romantik und Geschichte des Reitsports wurden in dieser Contemporary-Kollektion umgesetzt, deren Schwerpunkt auf Denim, Leder und Strick liegt. Bei der Auswahl der Materialien muss die Vermarktung im Auge behalten und stets auf das spezifische Preissegment der Kollektion geachtet werden.

KAPITEL 20 DIE KOLLEKTION ZUSAMMENSTELLEN 93

◁ **Kreuzfahrten** Die Kollektionsgestaltung für spezifische Marktsegmente wird oft von einem erzählenden Element bestimmt, das Bezug zum Lebensstil der Zielgruppe hat. Die weichen Stoffe und unkomplizierten Silhouetten dieser Kollektion sind von Schiffsreisen in der Ägäis inspiriert.

◁ **Nach draußen zum Spielen** Grafische Motive und plastische Strukturen sorgen in dieser Boyswear-Kollektion für eine spielerische Stimmung. Wenn man verschiedene Witterungen und Anlässe berücksichtigt und genug Variationen bietet, spricht die Kollektion eine breite Käuferschicht an.

◁ **Eine Palette, unterschiedliche Looks** Braun, Weiß und Zwischentöne sind hier das einende Element, während die kunstvolle Stoffgestaltung und Schnittdetails Monotonie verhindern. Beschränkt man sich auf eine minimalistische Farbpalette, müssen Details, Silhouetten und Stoffe für Abwechslung sorgen.

KAPITEL

4

Übungen

Für einen angehenden Designer ist es unerlässlich, verschiedene Entwurfsmethoden zu kennen. Wenn er sich mit unterschiedlichen Recherchearten und konzeptionellen Möglichkeiten auseinandersetzt und verschiedene Wege erkundet, um eine gelungene Kollektion aufzubauen, lernt er nicht nur, welche Methoden ihm am besten entsprechen, sondern er trainiert und fordert auch seine Kreativität, weil er sein vertrautes Terrain verlässt und sich an unbekannte Designprozesse wagt.

Dieses Kapitel bietet eine Reihe von Übungen, die auf gängigen Konzepten zur Entwicklung von Kollektionen basieren. Der Designprozess mag je nach Vorgaben variieren, doch der Erkenntnisgewinn und die Kriterien, nach denen eine erfolgreiche Kollektion bemessen wird, sind übertragbar. Ob die Historieninszenierungen von John Galliano oder Alexander McQueen, die architektonischen klaren Linien von Narciso Rodriguez und Isabel Toledo oder die an Konzeptkunst erinnernden, zukunftsweisenden Ideen von Rei Kawakubo für Comme des Garçons und Hussein Chalayan – gute Designer schärfen von Saison zu Saison ihr Profil und treiben ihre eigene künstlerische Entwicklung voran, während sie gleichzeitig die aktuelle Modeindustrie erneuern.

◁ **Tressen und Texturen** Detailgenauigkeit prägt eine Kollektion und macht sie unverwechselbar. Die Art und Weise, wie ein Designer gestalterische Details einsetzt, wird nicht selten zum charakteristischen Kennzeichen einer Kollektion und des Markenimages.

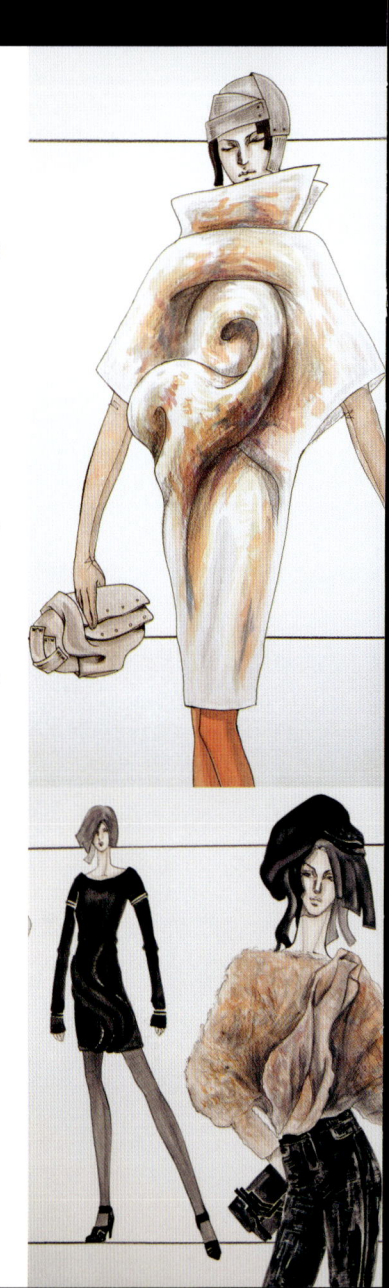

EINIGE WICHTIGE ASPEKTE, DIE ANGEHENDE MODEDESIGNER BERÜCKSICHTIGEN SOLLTEN

- Es ist entscheidend, einen klaren Standpunkt zu haben und etwas Neues herauszubringen. Manchmal ist nicht unbedingt das Design an sich neu, sondern die Art und Weise, wie es gestaltet ist.
- Innovationsbereitschaft ist unerlässlich, ob es nun um Technologie, gesellschaftspolitische Zustände, kulturelle Umwälzungen, Verbraucherverhalten etc. geht. Modedesigner streben danach, zu erkennen, was Verbraucher in einem Jahr oder später wünschen.
- Die Industrie verlangt nach Persönlichkeiten, deren Entwürfe den Geschmack der Zeit treffen und die in der Lage sind, den Lebensstil und die Motivation ihrer Kunden zu verstehen.
- Die Arbeit des Designers muss aussagekräftig sein und stets über historische, kulturelle, gesellschaftliche, politische und wirtschaftliche Beobachtungen Bezug zum Zeitgeschehen aufweisen.
- Die Kenntnis des aktuellen Markts, die Fähigkeit, nach Vorgaben zu arbeiten, und die Entwicklung eines grundlegenden Geschäftssinns ermöglichen Profis, einen marktfähigen Standpunkt zu entwickeln.
- Angehende Designer müssen ihre Kreativität stets fordern, indem sie bei der Kollektionsentwicklung mehrere Methoden ausprobieren, z. B. mit unterschiedlichen Inspirationsquellen, Materialien, Kundenparametern und Preissegmenten experimentieren.
- Theoretische und praktische Kenntnisse bilden das Fundament für Design und sorgen für ein umfassendes fachliches „Vokabular". So kann der Designer Probleme mit den jeweils geeigneten Techniken lösen.
- Designern ist bewusst, dass Entwerfen in mancherlei Hinsicht Problemlösung bedeutet.
- Designer sollten heute in enorm vielen Bereichen über Wissen und Erfahrung verfügen. Die Ausbildung muss universelle Designer hervorbringen, nicht nur Illustratoren, Schneider, Experten für digitales Design, sondern auch „Konzeptualisten".

▽ **Designebenen**
Eine Kollektion sollte stets variierende Details und Silhouetten beinhalten. Mit einem Angebot aus schlichten, klassischen Designs neben detailreicheren, skulpturalen Kreationen gehen Sie sicher, die Bedürfnisse Ihrer Kunden umfassend abzudecken.

Übung 1
Feldstudien

Eine der besten Möglichkeiten, um auf dem Laufenden zu bleiben, ist der Besuch von Modegeschäften. In dieser Übung erfahren Sie, worauf Sie bei Ihren Feldstudien achten müssen.

ZIELSETZUNG

- Analyse der Kollektionen und der Atmosphäre des Geschäfts
- Analyse: Inwiefern betont die Umgebung die kreative Welt und ästhetische Identität des Designers?
- Analyse: Inwiefern bilden Umgebung und Atmosphäre einen angemessenen Rahmen für die Kleidung?

Der Besuch von Modegeschäften ist sowohl für Studenten wie Profidesigner wichtig. Sie sehen die aktuellen Markttrends, können sich über Konstruktion, Verarbeitungstechniken, Stoffe, Farbschemata und Vermarktungsaspekte informieren und erfahren, was sich im Einzelhandel verkauft, was in den Regalen liegt und was bei den Kunden am besten ankommt. Zudem wird Ihnen bewusst werden, wie das Einkaufserlebnis und die Umgebung die Vision und Kollektion eines Designers kommunizieren und widerspiegeln.

DIE GROSSEN EINZELHÄNDLER

Achten Sie beim Besuch größerer Modegeschäfte darauf, welche Designer nebeneinander präsentiert sind. Meist haben diese Läden ein vergleichbares Zielpublikum sowie eine ähnliche Ästhetik, damit der Kunde mühelos Marken finden kann, die sich in Stil, Preissegment und mitunter sogar in der Passform der Kleidung ähneln.

◁▷ Kundenorientierung

Designer erstellen ein präzises Kundenprofil, um zielgerichtete Kollektionen zu entwickeln. Hier lassen die grafischen Formen und die neutralen Farben auf eine Kundin schließen, die innovative architektonische Entwürfe schätzt.

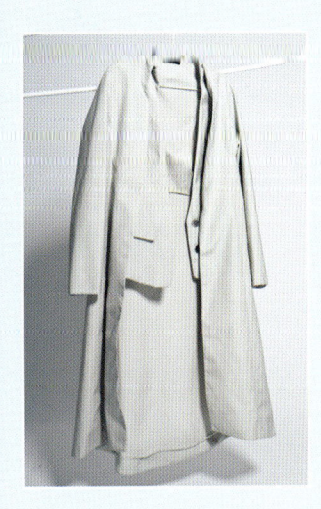

■ METHODE

Notieren Sie beim Besuch von Geschäften Ihre Eindrücke zu folgenden Punkten:

Die Kleidung

- Welches Marktsegment: Designer-, Bridge- oder Niedrigpreissegment?
- Welches Farbschema wird verwendet?
- Listen Sie die verwendeten Stoffe auf: Bestimmen Sie Material und spezifische Stoffbezeichnungen.
- Vermerken Sie Details der Kleidungsstücke: z. B. Perlenstickerei, Druckdessins, Kontrastnähte, Plissees, Waschungen, Knöpfe, Nieten oder Reißverschlüsse mit Markenlogo, aufgesetzte Taschen etc. Begutachten Sie Platzierung, Symbolik, Größe, Form und Materialien von Details.
- Was lässt sich über die Zusammenstellung der Kollektion sagen: Gibt es z. B. mehr Röcke als Hosen?
- Wie viele Stücke eines bestimmten Stils werden präsentiert?
- Welche Konfektionsgrößen werden angeboten?
- Wie ist die Passform der Kleidungsstücke?
- Welche Inspiration und Gesamtwirkung hat die Kollektion?
- Welcher Artikel wird für diese Saison als absolutes Muss in den Vordergrund gestellt?
- Wie wirken die Kleidungsstücke auf Sie?
- Fertigen Sie Detailzeichnungen zu einigen Artikeln.

◁ △ **Konstruktion via Konzept**
Der Effekt von „siamesischen Zwillingen" beruht bei diesen innovativen Versionen von Hemd und Trenchcoat auf dem Konzept, Kleidungsstücke auf unterschiedliche Weise miteinander zu verbinden.

Das Einkaufserlebnis

- Beurteilen Sie die Atmosphäre des Geschäfts: Beleuchtung, Musik, Geruch, Farbschema.
- Unterstützt die Ladengestaltung den Eindruck der Kollektion? Warum? Warum nicht?
- Wer kauft hier ein: Alter, Tätigkeit, Lebensstil etc.?
- Wo werden die Kunden die Kleidung tragen?
- Welche anderen Designer sind im selben Geschäft oder in benachbarten Boutiquen vertreten? Bestehen Ähnlichkeiten bei den Kollektionen? In welcher Form und warum?
- Wo befindet sich das Geschäft, und was sagt das über die Kunden und ihren Stil aus?
- Welche Geschäfte befinden sich in nächster Umgebung? Sind sie im Hinblick auf Preissegment und Kundenprofil vergleichbar?
- Welche Atmosphäre vermittelt die Architektur? Wie fühlen Sie sich in dem Geschäft? Besteht zwischen diesen Aspekten und den Kunden sowie deren Modestil ein Zusammenhang?

◁ **Altbekanntes neu interpretiert**
Für die kühne Neuinterpretation des klassischen Herrenhemds wurde die Konstruktion überdacht. Die Silhouette – klassisch oder innovativ – gibt Aufschluss über den Lebensstil des Kunden und den Einsatzbereich des Kleidungsstücks.

Übung 2
Architektur

Architektur und Modedesign sind miteinander verwandt – beide haben den Menschen und ergonomische Aspekte im Blickfeld. Hier lernen Sie, wie man einen architektonischen Stil als Inspiration nutzt.

ZIELSETZUNG

- Analyse: Inwiefern spiegeln Architektur und Design Persönlichkeit und Assoziationen wider?
- Recherche zu einer bestimmten Epoche/einem bestimmten Bauwerk
- Material und Konzepte erschließen

ARCHITEKTURSTILE

Klassik (ca. 400 v. Chr.)
Altes Griechenland und Rom; für den Baustil gelten strikte Regeln und Proportionen, die bis heute Anwendung finden. Merkmale: klare, schlichte Friese, Säulengänge, schwere Gesimse, symmetrische Formen, Dreiecksgiebel. Beispiel: Partheon-Tempel, Athen.

Romanik (ca. 10. Jh. bis 12. Jh.)
Merkmale: gedrungene Bauten, Rundbögen, Kreuzgratgewölbe, dicke Steinmauern, kleine Fenster. Beispiel: Dom in Speyer.

Gotik (ca. 12. Jh. bis Ende 15. Jh.)
Ging aus der Romanik hervor. Merkmale: Spitzbögen, Rippengewölbe, Strebepfeiler, Buntglasfenster. Beispiele: Kathedrale von Chartres; Kathedrale Notre-Dame, Paris.

△ **Formen der Zukunft**
Die charakteristischen Dreiecks- und Kreiselemente des amerikanischen Architekten Louis Khan (oben rechts) inspirierten zu dieser Abendmode-Kollektion. Dreieckige Silhouetten wurden mit geschwungenen Säumen und unterschiedlichen Details in mehreren Stoffen und Gestaltungen kombiniert.

Vom opulenten italienischen Barock über die wohlgeordnete Symmetrie des Klassizismus bis zur strengen Geometrie eines Mies van der Rohe sind die architektonischen Konzepte ebenso vielfältig wie die Modestile, die für den heutigen Markt geschaffen werden. Ähnlich wie andere Designbereiche spiegelt auch die Architektur gesellschaftliche Veränderungen wider. So war z. B. die Reformbewegung im Jugendstil eine Reaktion auf die zunehmende Dominanz der Industrialisierung im Kunsthandwerk. Sie hatte zum Ziel, Design zu kreieren, das vor allem die handwerklichen Qualitäten betonte. Die Architektur kann übergreifend als wertvolle Inspirationsquelle auch für das Modedesign betrachtet werden.

METHODE

Verwenden Sie diesen Fragekatalog bei der Analyse Ihrer gewählten Inspiration:

- Wie werden Form, Farbe und Struktur eingesetzt? Wie betonen diese Faktoren den Entwurf und die Botschaft des Architekten? Wie beschreiben sie diese bestimmte Epoche?
- Welche Gefühle werden hervorgerufen, wenn Sie sich in einem bestimmten Raum bewegen? Was sagt das über die Funktion des Gebäudes aus?
- Beurteilen Sie den Einsatz bzw. das Fehlen von Licht. Inwiefern kann dies inspirieren zu bestimmten Textilien oder zu einem Motiv?
- In welcher Beziehung steht das Gebäude zu seiner Umgebung? Unterstützt die Umgebung den Bau, und fügt er sich dort ein?
- In welchem historischen Kontext ist das architektonische Werk anzusiedeln, und wie kann dieser zu einem Designkonzept inspirieren? Welche gesellschaftlichen Kräfte waren zur Zeit seiner Entstehung bedeutsam?
- Von welchen Ideen ließ sich der Architekt leiten? Wie zeigt sich das im Entwurf? Können die Ideen auf das Modedesign übertragen werden?
- Studieren Sie das Gesamtwerk des Architekten. Wie hat sich sein Stil entwickelt und warum?
- Hat sich das Bauwerk im Lauf der Zeit verändert? Wenn ja, welche Gründe gibt es dafür, und inwieweit sagen sie etwas über den gesellschaftlichen Rahmen aus? Könnte dieser Ihr Konzept beeinflussen?
- Befassen Sie sich mit den vorherrschenden Stilrichtungen, die der von Ihnen untersuchten Epoche vorausgingen bzw. auf sie folgten. Inwiefern können die jeweiligen Impulse für den Wandel Aufschluss darüber geben, wie sich eine Kollektion mit ihrer Präsentation verändert?

Renaissance (ca. 14. Jh. bis 17. Jh.)
Orientiert sich an der Architektur der Klassik. Merkmale: Symmetrie, klassische Säulen, Dreiecksgiebel, Maß und Linie, Rundbögen, Kuppeln. Beispiele: Villa La Rotonda, bei Vicenza; Petersdom, Rom.

Barock (ca. Ende 16. Jh. bis 18. Jh.)
Fand verschiedene Ausprägungen in ganz Europa. Merkmale: üppige, äußerst komplexe Dekorationen. Beispiele: Kirchenbauten; Schloss Versailles, Paris.

Rokoko (18. Jh.)
Geht aus dem Barock hervor, mit leichteren, weicheren und anmutigeren Formen als dieser. Merkmale: Muschel- und Pflanzenmotive, Pastellfarben. Beispiel: Winterpalast der Eremitage, Sankt Petersburg.

Klassizismus (ca. Mitte 18. Jh. bis Mitte 19. Jh.)
Nachahmung antiker Bauten, zunächst an öffentlichen Gebäuden, später auch an herrschaftlichen Privathäusern zu sehen. Merkmale: Anlehnung an den Formenkanon des griechischen Tempelbaus. Beispiel: Leo von Klenzes Walhalla, Donaustauf.

Viktorianische Architektur (ca. Mitte 19. Jh. bis Beginn 20. Jh.)
Umfasst die Stilarten in Großbritannien und teilweise in den USA zur Zeit Königin Victorias. Merkmale: filigraner Zuckerbäckerstil, Türme, umlaufende Terrassen, Mansardendächer. Beispiel: Manchester Town Hall, England.

Neugotik (Blütezeit im 19. Jh.)
Nachahmung des gotischen Baustils als Spielart des Historismus. Merkmale: Spitzbogenfenster, Wasserspeier, aufstrebende vertikale Linien, fantasiereiche Details in Anlehnung an mittelalterliche Kathedralen. Beispiel: Westminster-Palast, London.

Arts-and-Crafts-Bewegung (ca. Mitte 19. Jh. bis Beginn 20. Jh.)
Bei dieser englischen Bewegung steht die Handwerkskunst im Mittelpunkt. Merkmale: Orientierung an der Natur, florale Designs. Beispiel: Gebäude von C. R. Mackintosh in Glasgow, Schottland.

Jugendstil (frühes 20. Jh.)
Ornamentik nach Vorbildern aus der Natur. Merkmale: geschwungene Linien, japanische Motive, Pflanzenformen, Buntglas. Beispiele: Bauten von August Endell, Henry van de Velde.

Bauhaus (1919 bis 1933)
Reduktion auf die reine Form. Merkmale: Flachdächer, offene Raumaufteilung, geometrische Formen, funktionale Details; beschränkte Farbpalette: z. B. Weiß, Grau, Beige, Schwarz. Beispiel: Bauhaus-Gebäude, Dessau.

Art déco (ca. 1920 bis 1940)
Klare, vereinfachte Formen in Anlehnung an das Bauhaus, dabei zeigt sich der Einfluss neuer Technologien. Merkmale: Zickzacklinien, abgestufte, elegante Formen, Betonung der Linie. Beispiele: Chrysler Building und Empire State Building, New York.

Moderne (ab dem frühen 20. Jh.)
Der Schwerpunkt der Moderne liegt auf funktionalen Bauten. Merkmale: Glas, Stahl, offene Betonstrukturen.

Organische Architektur (ab dem frühen 20. Jh.)
Gebäude, die Formen aus der Natur aufgreifen. Merkmale: kein strenger Formenkanon, geschwungene Linien, nachhaltige Technologien. Beispiele: Guggenheim Museum von Frank Lloyd Wright und Gebäude des Kennedy Airport von Eero Saarinen, New York; Sydney Opera House von Jørn Utzon, Australien.

Übung 3
Historische Personen

Wie beim Erstellen eines Kundenprofils und der Arbeit mit historischer Mode geht es in dieser Übung darum, Menschen und deren Modestil zu analysieren.

△ **Die reine Kunst**
Der Geist von Frida Kahlo wurde in dieser Kollektion mit Neuinterpretationen von Schnitten traditioneller mexikanischer Kleider lebendig. Moderne Stoffe und Silhouetten stellen sicher, dass eine Kollektion moderne Kunden anspricht, unabhängig von der Epoche, die diese Inspiration lieferte.

Wie kommunizieren Farbe, Stoff, Silhouette und Details eine Persönlichkeit? Wie können die historische Berühmtheit und Elemente historischer Kleidung das Modedesign beeinflussen und erneuern? Auf welche Weise verkörpert eine Person den durch Mode favorisierten Lebensstil eines Designers?

Der Erfolg der Kollektion hängt bei diesem Thema davon ab, wie sorgfältig zur Person und der Epoche recherchiert wurde. Die besonderen Umstände der jeweiligen Zeit und die Wechselbeziehung zwischen Persönlichkeit und Epoche sollten einbezogen werden ebenso wie die Leistungen, die jenen Menschen berühmt gemacht haben. Fragen Sie sich, ob diese auch moderne Menschen inspirieren könnten.

■ **ZIELSETZUNG**
- Analyse: Wie können Farbe, Stoff, Silhouette und Details eine Persönlichkeit zum Ausdruck bringen?
- Analyse: Wie kann eine Persönlichkeit den von einem Designer propagierten Lebensstil vermitteln?
- Einbindung einer historischen Persönlichkeit in einen aktuellen Kontext zur Entwicklung einer Kollektion

HISTORISCHE PERSONEN 101

STUDENTISCHES BEISPIEL

Als Inspirationsquelle für eine Kollektion sollte Anastasia Romanow, die Tochter von Zar Nikolaus II., dienen. Bei der Recherche fand ein Student heraus, dass Anastasia in der russischen Zarenfamilie als Wildfang galt. Diesen Charakterzug verwendete er als Ausgangspunkt, um eine Sportkollektion zu entwickeln.

Für das Designkonzept wurden russische Militäruniformen der vorrevolutionären Ära (1915–1917) mit aristokratischer Damenmode verknüpft, die zu jener Zeit von Pariser Modehäusern geprägt war. Auf diese Weise sollten die gegensätzlichen Standpunkte des Adels und der Revolutionäre versinnbildlicht werden.

Unterschiedlich schwere Jerseystoffe sowie Nylon- und Baumwollgewebe entsprechen dem Segment Sportbekleidung; Pastellfarben und Weißnuancen bewahren einen femininen und epochenspezifischen Stil, der die eher maskulinen, militärischen Details wie Schulterklappen, aufgesetzte Taschen und metallische Elemente, wie etwa übergroße Druckknöpfe, abschwächt.

Inspirierende Persönlichkeiten:

Dschingis Khan
Joanne d'Arc
Napoleon
Josephine Bonaparte
Königin Elisabeth I.
Annie Oakley
Virginia Woolf
Madame de Pompadour
Edgar Allan Poe
Kapitän Bligh
Katharina die Große
Frida Kahlo
Anastasia Romanow
König Artus
Jane Austen
Mata Hari

METHODE

Leitfaden für die Designentwicklung:

1. Wahl der Persönlichkeit: eine existierende oder auch fiktive Charakterfigur.

2. Befreien Sie sich von einer starren geschlechtsspezifischen Zuordnung. Wie kann z. B. eine Damenkollektion von Dschingis Khan, wie eine Herrenkollektion von der Flugpionierin Amelia Earhart inspiriert werden?

3. Recherchieren Sie, und gestalten Sie zwei Moodboards. Stellen Sie auf einer Seite die historische Persönlichkeit zu ihrer Zeit dar, z. B. mit Recherchematerial zu Kunstwerken, Interieurs und Gewändern der Epoche und Text. Auf der anderen Seite ordnen Sie Bilder an, die den Lebensstil zeigen, den diese Person Ihrer Meinung nach heute hätte; verwenden Sie dafür Material mit einem vergleichbaren Kontext.

4. Beschäftigen Sie sich mit Farbe, Mustern, Stoff, Proportionen, Silhouette und Konstruktion. Wie können diese Elemente unsere Wahrnehmung des Trägers beeinflussen? Wie können Stoffgewichte und -texturen eine Persönlichkeit kommunizieren? Sind für Ihre Charakterfigur eher reduzierte Details oder aufwendige Verzierungen typisch? War sie ihrer Zeit voraus und somit vermutlich aufgeschlossen gegenüber fortschrittlichen Textiltechnologien, oder vertrat sie eher die gesellschaftlichen Normen ihrer Zeit?

5. Erstellen Sie die Entwurfsskizzen. Konzentrieren Sie sich auf die Psychologie Ihrer Charakterfigur. Welche Formen würde sie bevorzugen und warum? Müssen epochenspezifische Details dargestellt werden? Würde die Persönlichkeit strenge oder organische Silhouetten bevorzugen, wie und warum bringen Sie das in Ihre Kollektion ein? Kann die Zielrichtung der Kollektion durch den Lebensstil dieser Persönlichkeit beeinflusst werden?

Übung 4
Ethnische Bezüge

Regionale Gewänder bringen innerhalb einer Gemeinschaft z. B. den sozialen Stand oder die Religionszugehörigkeit zum Ausdruck. Diese Übung zeigt, wie man einen Bezug zur heutigen Mode herstellen kann.

■ ZIELSETZUNG

- Recherche zu ethnischen Gewändern und Gemeinschaften
- Analyse der gestalterischen Aspekte von Volkstrachten
- Abwandlung traditioneller Gewänder für die heutige Mode

Von den volkstümlichen Stickereien der Ukraine über die Halsringe der Karen bis zum farbenfrohen Körperschmuck der alten Mayakultur liefert die äußere Erscheinung oft ein aufschlussreiches Bild einer bestimmten Gemeinschaft. Bei den nordamerikanischen Stämmen geben die Gewänder z. B. Aufschluss über den sozialen Stand, während dagegen die heutigen Mitglieder der Amish mit ihrer Kleidung das Bild einer möglichst homogenen Gesellschaft vermitteln wollen. Gewänder einer Gemeinschaft werden nicht nur von den zur Verfügung stehenden Rohstoffen bestimmt, sondern auch davon, wie die Gruppe ihre Sozialstruktur in der Öffentlichkeit darstellen möchte.

BEISPIELE ETHNISCHER GEWÄNDER

Bestimmte Gewänder sind nicht nur geografischen Regionen zuzuordnen, sondern dort wiederum oft einzelnen Gemeinschaften. Versuchen Sie, trotz der Unterschiede in Form, Stoff und Detail Gemeinsamkeiten zwischen den Gewändern benachbarter Gruppen und denen aus ähnlichen Klimazonen herauszufinden.

Amerika
Bill	Navajo
Sarape	Mexiko
Guayabera	Kuba
Pilcha	Brasilien
Tracht des Huaso	Chile
Pollera	Panama

Europa
Aboyne Dress	Schottland
Lederhosen/Dirndl	Bayern/Österreich
Riza	Bulgarien
Sarafan	Russland
Bunad	Norwegen
Sverigedrakten	Schweden
Fustanella	Griechenland
Entari	Türkei

Afrika
Dashiki	Westafrika
Kaftan	Marokko
Galebeya	Ägypten
Kamis	Äthiopien

Asien
Dschellaba	Arabische Halbinsel
Kurta	Afghanistan
Salwar Kameez	Südasien
Choga	Indien
Angarkha	Pakistan
Ao dai	Vietnam
Sampot	Kambodscha
Tapis	Indonesien
Del	Mongolei
Chuba	Tibet
Gho	Bhutan
Hanfu	China
Hanbok	Korea
Kimono	Japan

◁ **Jenseits von Afrika** Farben, Symbole und zeremonieller Schmuck bieten sich zur Themenentwicklung an. Beachten Sie, dass die Materialien, je nach Kulturkreis, unterschiedliche Assoziationen hervorrufen können.

▷ **Volkskunst** Traditionelles Kunsthandwerk stellt einen reichhaltigen Inspirationsschatz dar. Farbbeziehungen eines Musters, Formen, Maße und Symbolik variieren stark von Kultur zu Kultur.

ÜBUNG 4 ETHNISCHE BEZÜGE

METHODE

Recherchieren Sie zu einem ethnischen Thema und entwickeln Sie dazu eine Kollektion. Dabei können Sie folgendermaßen vorgehen:

1. Wählen Sie einen Schwerpunkt Das hat zwei Vorteile: Dadurch werden die einzelnen Kreationen durch ein erzählendes Element verbunden, und gleichzeitig werden Sie dazu angehalten, bei der Recherche in die Tiefe zu gehen und einen Gesamtkontext umfassend zu erforschen, um ausreichend Material zu sammeln. Als weiterführende Übung könnten Sie zwei unterschiedliche Themengebiete in einer Kollektion gegenüberstellen, wie in der Übung zu den Polaritäten (S. 118–119).

2. Geschichtlicher Hintergrund Stellen Sie Recherchen zur Epoche und Region an, aus denen das spezifische Gewand hervorging.

- Stellte die Epoche für die regionale Gemeinschaft eine Zeit des Wohlstands dar?
- Unterhielt die Gemeinschaft Kontakte zu anderen Völkern, oder blieb sie für sich?
- Herrschten in dieser Zeit Krieg oder Konflikte?
- Wurden Form, Farbe oder Schnitt des Gewands durch religiöse Überzeugungen beeinflusst?
- Wie können diese Erkenntnisse in die Designentwicklung einfließen?

3. Designkriterien Untersuchen Sie anhand einzelner Gewanddetails, inwiefern sich die untersuchte Gemeinschaft von benachbarten Völkern unterscheidet. Stoff, Silhouette, Funktion, Farbpalette, Handarbeitstechniken und auch Kriterien wie Körperbemalung und -schmuck können Designinformationen liefern.

4. Adaptierung Überlegen Sie, welcher Kundentyp eine eher konkrete Umsetzung der Inspiration und welcher eine Adaptierung des Gewands mit den charakteristischen Farben, Stoffen und Silhouetten des Designers bevorzugen könnte. Analysieren Sie die Bedürfnisse Ihrer Kunden, um über den Grad der Interpretation zu entscheiden. So können Sie z. B. die leuchtenden Primärfarben osteuropäischer Trachten in ein Farbschema mit nuancierten Grautönen umwandeln, sodass eine subtile Kollektion mit dem Schwerpunkt Textur entsteht. Entscheiden Sie, ob Ihre Kunden eine traditionelle oder eine abgewandelte Silhouette bevorzugen.

5. Relevanz Der endgültige Entwurf muss von einer Inspiration getragen sein, doch einen Abstand zum ursprünglichen Kontext aufweisen, damit die Handschrift des Designers zutage tritt. Die Entwürfe sollen keine Kopien sein, sondern Ihre eigene Vision verkörpern.

▷ **Streifen und Bänder** Elemente der jüdischen Gebetskleidung – der Tallit und die Tefillin – liefern das richtungweisende Motiv dieser Kollektion. Aufgedruckte Streifen sorgen für einen konkreten Bezug, eine Abwandlung findet sich in der Schichtung der Oberteile, die ebenfalls an Streifen erinnert. Die gewickelten Riemen werden mit Stoffbändern und den Nähten der Hosen angedeutet – beim Pullover oben rechts wurden beide Gestaltungselemente kombiniert.

Übung 5
Gegensätze

In dieser Übung soll Ihre Objektivität gefördert werden, indem Sie eine Kollektion mit Farben, Stoffen, Konstruktionsmethoden, Details etc. eines gegensätzlichen Designers entwickeln.

■ ZIELSETZUNG

- Analyse der kreativen Entwicklung eines Designers
- Analyse der charakteristischen Merkmale seines Designs
- Erstellung von Entwürfen im Stil eines gegensätzlichen Designers zur Entwicklung von Objektivität

Den Ausgangspunkt der Designarbeit bilden zwar meist der persönliche Stil und eine gewisse Vorstellung von der neuen Kollektion, doch ist es immer hilfreich, die Entwürfe vor der abschließenden Präsentation einer objektiven Prüfung zu unterziehen – ohne aber ihre Markenidentität aus den Augen zu verlieren. Wenn Sie die Kollektionen eines anderen Designers betrachten, dann analysieren Sie das Werk als Ganzes und benennen gelungene und schwache Elemente. So entwickeln Sie Ihre Kritikfähigkeit, mit der Sie dann auch Ihre eigenen Entwürfe bewerten und so Ihre kreative Arbeit verbessern können.

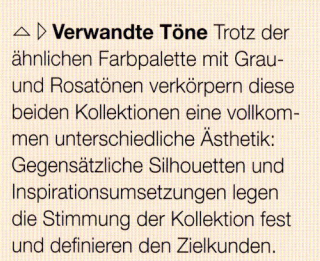

△ ▷ **Verwandte Töne** Trotz der ähnlichen Farbpalette mit Grau- und Rosatönen verkörpern diese beiden Kollektionen eine vollkommen unterschiedliche Ästhetik: Gegensätzliche Silhouetten und Inspirationsumsetzungen legen die Stimmung der Kollektion fest und definieren den Zielkunden.

◁ **Grafische Kontrapunkte** Farbbeziehungen mit grafischen Kontrapunkten schaffen eine jugendlichere legerere Wirkung als dezente, neutra[le] Farbpaletten. Bei dieser Kollektion liegt der Designschwerpunkt nicht a[uf] den Texturen, sondern auf komplex[en] Farbbeziehungen.

■ METHODE

1. Auswahl des gegensätzlichen Designers
Bitten Sie einen Außenstehenden, vielleicht jemanden, der Ihren Stil und Ihre Arbeitsweise kennt, Ihnen Ihren Gegenpol zu nennen. Faktoren zur Bestimmung können z. B. sein: wiederkehrende Inspirationsquellen und Recherchegebiete, bevorzugte Farben und Stoffe, Muster und Texturen, charakteristische Silhouetten und Konstruktionstechniken sowie Ihr Kundenprofil.

2. Auseinandersetzung mit der Arbeit des Gegenpols Stellen Sie eine Tafel mit Bildern vergangener Kollektionen zusammen, die am besten die kreative Vision des gegensätzlichen Designers zum Ausdruck bringen. Es ist wichtig, mit den Bildern die Quintessenz dieses Stils zu ermitteln.

- Wie praktikabel ist der Designansatz?
- Welche Silhouetten tauchen häufig auf?
- Wie wird Farbe eingesetzt, und welche Emotionen sind mit den üblicherweise verwendeten Farbpaletten verbunden?
- Welche allgemeine Stimmung kann man den Zielkunden zuordnen?
- Welche Arten und Ebenen der Inspiration werden miteinander verknüpft, und wie kommen sie in der Kollektion zum Ausdruck?

3. Übertragen Sie die Inspiration auf Kreationen für Ihren Kunden Wählen Sie eine Inspiration, die der Kollektionsentwicklung des anderen Designers entspricht und die den Geschmack Ihrer Kunden ansprechen wird. Wie konzeptuell oder konkret ein Designer seine Inspiration umsetzen muss, wird weitgehend von seinem Kundenstamm bestimmt.

4. Entwerfen Sie die Kollektion Entwerfen Sie eine, objektiv betrachtet, in sich geschlossene Kollektion, die dem charakteristischen Stil des Designers treu bleibt. Gleichzeitig sollte sie Wiederholungen vermeiden, um das Label voranzubringen und Anerkennung in der Modeszene zu finden.

Analysieren Sie professionelle Kollektionen anhand folgender Kriterien:

- Stehen Konstruktion und Stoff in Einklang?
- Bietet die Kollektion eine vollständige Garderobe, und ist sie vermarktungstechnisch ausgereift?
- Passen Silhouetten und Stoffe zur Saison?
- Wie wird mit Textur und Muster umgegangen?
- Gibt es genügend Stoffe mit unterschiedlichen Gewichten?
- Wie ausgereift ist die Zusammenstellung? Gibt es überflüssige Wiederholungen (Silhouette, Stoff etc.) oder ausbaufähige Elemente?
- Auf welche Weise und wie wirkungsvoll geben Stoffe und Silhouetten die Inspiration wieder?
- Wie klar umrissen ist das Kundenprofil? Wie könnte es konkretisiert werden?
- Wie werden avantgardistische Stücke als Blickfang in der Kollektion eingesetzt, wenn es solche gibt?
- Auf welche Weise hätten Sie die Ausdruckskraft der Kollektion verstärkt?

◁ **Ton in Ton** Die harmonische Farbpalette unterstreicht den komplexen Texturschwerpunkt: Mohair, Kaschmir und Baumwolle in unterschiedlicher Garnstärke stehen dank der minimalen Farbkontraste im Mittelpunkt.

Übung 6

Rollentausch

Als Mitarbeiter eines Designteams müssen Sie innerhalb der Gruppe effiziente Arbeit leisten. In dieser Übung lernen Sie, methodisch und objektiv mit der Inspiration und dem Konzept eines anderen Designers zu arbeiten.

■ ZIELSETZUNG

- Verknüpfung von Designideen
- Diskussion gegensätzlicher Standpunkte
- Steigerung Ihrer Kreativität mittels objektiver Analyse und der Erkundung neuer Wege

Designer, die in einem Kreativteam arbeiten, kommen während sämtlicher Entwicklungsphasen häufig zusammen, um die Ausrichtung einer Kollektion zu diskutieren. Ein Designer sollte in der Lage sein, bei der Kollektionsentwicklung unterschiedliche ästhetische Blickwinkel einzunehmen und seinen Standpunkt innerhalb des vorgegebenen Rahmens einzubringen.

Diese Übung ist für mehrere Teilnehmer gedacht, welche die Rollen des Chefdesigners und der Mitglieder eines Entwurfsteams einnehmen. Der Chefdesigner wählt eine Inspiration und präsentiert sie dem Team mit einem gut durchdachten Moodboard und entsprechenden Stoffmustern. Innerhalb der vorgegebenen Parameter beginnen die Mitarbeiter mit der detaillierten Ausarbeitung.

▷ **Balance-Akt** Mit der Vorgabe einer bunteren und texturierteren Palette wandelten sich die Entwürfe dieses Studenten, die sonst oft vom Gothic-Stil beeinflusst waren. Das Ziel, eine Juniorkollektion, wurde in heiteren Farbkombinationen, zahlreichen Texturdetails und femininen Silhouetten umgesetzt.

Design 1

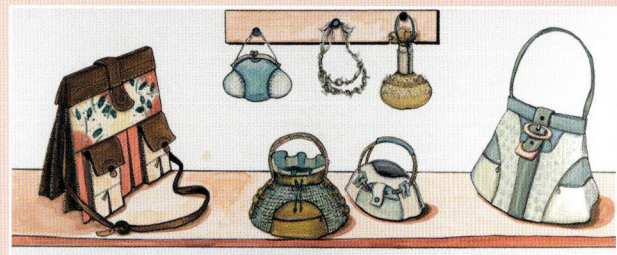

Design 2

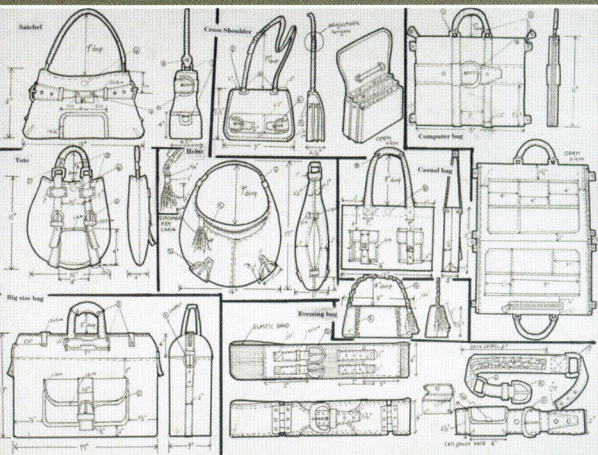

METHODE

Jeder Teilnehmer entwirft zu der Inspiration ein Moodboard sowie eine Stoffpalette mit höchstens zwölf Stoffen (mindestens zwei Gewichte für Mäntel, zwei für Anzüge, zwei für Blusen/Hemden, ein oder zwei außergewöhnliche sowie verschiedene Maschenstoffe). Die Kollektion kann für die Herbst/Winter- oder Frühjahr/Sommer-Saison sein.

1. Zuordnung und Tausch der Boards Begutachten Sie die Boards in der Gruppe. Entscheiden Sie, welche Teilnehmer ihre Boards tauschen, die in Stil, Thema, Farbe und Stoffpalette gegensätzlich zu dem eigenen Entwurf sein sollten.

2. Besprechung Der Designer eines Boards diskutiert jeweils mit dem, der sein Board erhalten hat, Thema, Zielkunden und andere Aspekte, die in der späteren Kollektion vermittelt werden sollen. So haben die Designer genügend Informationen und können z. B. weitere Bilder für die Entwicklung von Kontext für den Designprozess suchen.

3. Entwicklung einer Kollektion Alle Stoffe auf dem Board müssen für die Kollektion verwendet werden. Allerdings dürfen vor Beginn des Designprozesses zwei Stoffe durch andere ersetzt werden, um der Stoffpalette mehr Ausdruck zu verleihen.

4. Präsentation Der Designer fertigt 40 bis 50 Skizzen an und entwickelt daraus sechs bis acht illustrierte Looks, welche die Kollektion verkörpern. Der Board-Ersteller und der Designer diskutieren mit der ganzen Gruppe kritisch die Entwicklung der Kollektion. Die Gruppe analysiert die angestrebte Ausrichtung, so wie auch ein Chefdesigner seinem Team Feedback geben würde.

◁ **Wüstenpfad** Erdige Töne und funktionale Konstruktionen verleihen der Kollektion ihren schlüssigen Charakter. Wenn Sie gewohntes Terrain verlassen, lernen Sie, objektiv zu arbeiten: So entsteht klares Design, das die Bedürfnisse der Zielkunden trifft – unabhängig von Ihren persönlichen Vorlieben.

Übung 7
Natur

Die Natur ist vielleicht das universellste Thema, das ein Designer seinen Entwürfen zugrunde legen kann. Hier lernen Sie, wie Sie es umsetzen können – von der Ausgangsidee zu einer schlüssigen Kollektion.

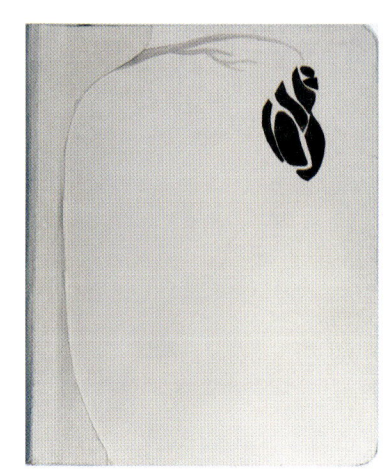

Die Natur kann auf allen Ebenen zu einer Kollektion inspirieren, ob ganz konkret, z. B. bei der Entwicklung einer Farbpalette mit Schattierungen der Sahara, oder äußerst innovativ und konzeptionell, wie etwa bei der Nachahmung eines Gürteltierpanzers für die Struktur eines Kleidungsstücks. Besonders raffinierte Umsetzungen lassen die Natur als Inspirationsquelle lediglich erahnen.

Die Inspiration wird zunächst in einer detaillierten Recherche untersucht und dann vom Designer aus seiner eigenen Perspektive heraus zu einer neuen Aussage formuliert, sodass die Inspiration nur den Themenschwerpunkt liefert. Eine simple Übertragung der Idee bringt wenig Innovation – so sollten Sie beispielsweise nicht einfach nur Muschelmotive auf ein Kleidungsstück applizieren, wenn Sie das Meer als Thema gewählt haben. Dahingegen bietet die Beschäftigung mit der inneren und äußeren Struktur, den Mustern sowie zwei- und dreidimensionalen Formen der Muschel oder auch mit ihrer Lebensweise dem Designer das Potenzial zu einer äußerst individuellen Umsetzung.

■ ZIELSETZUNG

- Interpretation von Elementen aus der Natur für die Designentwicklung
- Ausloten der Möglichkeiten, die Inspiration auf weniger konkreten Umsetzungsebenen weiterzuentwickeln

ÜBUNG 7 NATUR

METHODE

Bauen Sie eine Kollektion mit Naturbezug auf, wobei Sie folgende Kriterien berücksichtigen:

1. Farbpalette Aus der Inspiration ergibt sich vielleicht eine Farbpalette, die sich hervorragend für die Stoffe und die angestrebte Gesamtästhetik der Kollektion eignet. Dennoch sollten Sie ein Farbschema in Betracht ziehen, das nicht in direktem Zusammenhang mit der Inspiration steht, um die Fallstricke einer allzu konkreten Umsetzung des Themas zu vermeiden.

2. Stoffentwicklung Überlegen Sie, wie Ihre Inspiration in Dessins, Stoffveredelung, Färbetechnik, Farbgebung und anderen dekorativen Elementen umgesetzt werden kann.

3. Silhouetten Bieten Sie mit unterschiedlich stark ausgeprägtem Design dem Kunden ein umfassendes Sortiment: Manche Looks können in Schnitt und Stoffwahl trendig sein, andere Silhouetten sollten dem Kunden vertraut sein in Gestalt von klassischen Hosen- bzw. Rockschnitten sowie z. B. Hemdblusen mit subtilen Details, die auf die Inspiration anspielen.

4. Verknüpfung Überlegen Sie, wie Form, Farbe, Textur, Linie und Form der Naturinspiration auf verschiedene Weise umgesetzt werden können.

◁ **Ausgewogenheit** Die aufgestickten Dornenmuster sorgen bei diesem geraden Chiffonkleid von Sophia Kokosalaki für das richtige Verhältnis von Zartheit und Subversion. Die positiven Formen erinnern an einen Rorschachtest, auch Tintenklecksmuster genannt – dadurch konkretisiert sich die tiefere Bedeutung des gewählten Motivs.

▽ **Schmetterlingshaus** Die Komplexität eines Schmetterlingsflügels stand Pate für diese Day-to-Night-Kollektion. Um eine allzu direkte Umsetzung der Inspiration zu vermeiden, wurde ganz bewusst eine themenferne Farbpalette gewählt.

Übung 8
3-D/2-D

Manche Designer haben vor dem eigentlichen Entwurfsprozess bereits eine konkrete Form vor Augen. Die folgende Übung hilft Ihnen dabei, sich mühelos zwischen den zwei- und dreidimensionalen Aspekten von Design zu bewegen.

■ ZIELSETZUNG

- Einbeziehung des dreidimensionalen Designs in den zweidimensionalen Entwicklungsprozess
- Experimente mit dem Drapieren von Stoffen zur Entwicklung der Kollektion

Die Silhouette, die Konstruktionsmethode sowie dreidimensionale Motive können die Basis für die Kollektionsentwicklung liefern. Während des Designprozesses ist vielleicht das Experimentieren mit Stoffen unterschiedlichen Gewichts erforderlich. Drapierungen können von einem bestimmten Motiv aus Ihrer Vorstellung inspiriert sein oder auch von einer Stimmung oder einem „Erlebnis", welches das Kleidungsstück dem Träger vermitteln soll.

■ METHODE

Nach abgeschlossener Recherche und Konzeptentwicklung können Sie folgendermaßen vorgehen:

1. Drapieren und Fixieren Zum Drapieren an der Schneiderpuppe und dem Fixieren mit Nadeln eignet sich z. B. ein mittelschwerer Nesselstoff. Probieren Sie unterschiedliche Formen und Stoffdrapierungen aus. Ein bestimmter Teil einer Drapierung bietet sich vielleicht für einen anderen Bereich des Kleidungsstücks an.

2. Beachten Sie folgende Punkte beim Arbeiten an der Schneiderpuppe:

- Welche Variationen sind möglich – von zweidimensionalen Gestaltungen wie Nahtdetails, bis zu modellierten dreidimensionalen Entwürfen z. B. eines Tellerrocks oder einer Raffung? Welche Zwischenformen sind denkbar, z. B. in Gestalt von Plissees oder Origami-Effekten?
- Wenn Sie zu einem neuen Stoff mit anderem Gewicht wechseln, dann testen Sie damit die vorhergehende Drapierung, um herauszufinden, ob eventuell ein verbindendes Element entsteht.
- Variieren Sie die Proportionen einer Drapierung, um dann die gelungenste zu bestimmen.

3. Dokumentation Halten Sie alle wichtigen Entwicklungsschritte aus verschiedenen Blickwinkeln und Abständen fest. Eine Rundumansicht kann hilfreich sein, um bestimmte Elemente auszuarbeiten.

4. Aufbau der Kollektion Wenn Sie sechs bis acht gut dokumentierte Drapierungen erstellt haben, wählen Sie drei bis vier davon als Vorlage für die Kollektionsentwicklung aus. Neben diesen konkreten Vorlagen sollten Sie die Ausgangsidee im Auge behalten, um beide Aspekte in die Designarbeit einfließen zu lassen. Kleben Sie das Dokumentationsmaterial zunächst nicht in Ihr Skizzenbuch, da es während des Entwurfsprozesses jederzeit griffbereit sein muss. Verwenden Sie sowohl zwei- als auch dreidimensionale Gestaltungen, die Sie an der Schneiderpuppe erstellt haben; so trainieren Sie sich darin, zwei Effekte erfolgreich in einer Kollektion umzusetzen.

◁ **Formen zur Diskussion gestellt** Die Dokumentation von linearen und modellierten Elementen bietet dem Designer eine vielfältige und ausgewogene Auswahl als Arbeitsgrundlage. Auch bei Drapierungen sollten Größenordnung, Stoff und Platzierung variiert werden.

ÜBUNG 8 3-D/2-D

BEISPIEL EINES DESIGNPROFIS

Dreidimensionales Arbeiten an der Puppe ist unerlässlich, wenn ein Design seine volle Ausdruckskraft nur bei einer Rundumansicht entfaltet, wie diese geometrischen Modelle von Geoffrey Beene. Bevor Beene Modedesigner wurde, studierte er Medizin, weshalb ihm die dreidimensionale Betrachtung des Körpers näherstcht als das Zeichnen einer Vorder- und Rückansicht auf einem Blatt Papier. Folglich beinhalten seine Kreationen oft Nähte, negative Formen und andere geometrische Motive, die sich um den ganzen Körper erstrecken, sodass das Design nur bei einer Rundumansicht komplett erfasst werden kann.

◁ △ **Momentaufnahmen** Experimentieren Sie während des Designprozesses immer wieder mit Materialproben, um wie hier zu überprüfen, wie diese in verschiedenen Größenordnungen und Platzierungen an unterschiedlichen Silhouetten wirken.

△ **Drapierte Posen** Designer drapieren manchmal zunächst Silhouetten, bevor sie in den eigentlichen Entwurfsprozess eintauchen. Die Posen helfen, die Ausrichtung der Kollektion zu strukturieren und die übergeordnete Botschaft für die kommende Saison zu formulieren.

Übung 9
Von Makro zu Mikro

Designer nehmen selbst kleinste Details wahr und erkennen deren Einfluss auf das Ganze. Diese Übung befasst sich damit, wie sich das Spezifische und das Allgemeine in Design, Farbe, Textur, Stimmung und Verwendung gegenseitig unterstützen.

ZIELSETZUNG
- Schulung des Blicks für Details
- Gründliche Hinterfragung von Zusammenhängen im Design

▽ **Gerüstarbeiten** Kühne lineare Strukturen sind das verbindende Element dieser Kollektion. In Kombination mit vertrauten Silhouetten treten komplexe Zusammenhänge im Design deutlicher hervor.

Bei der Entwicklung einer Kollektion muss ein Designer stets in der Lage sein, selbst kleinste Details zu erfassen und in den größeren Rahmen einzubinden – ob er nun auf der Straße gewonnene Eindrücke von Textur und Farbe in eine Kollektion einbringt oder die Verzierung eines historischen Gewands wahrnimmt, die für die eigene Arbeit aktualisiert werden kann.

Die Größe eines Knopfs, das Rascheln eines Stoffs, die Art, wie ein Kleidungsstück angezogen wird, die Ausarbeitung eines Saums oder die Schnur für einen Kordelzug müssen sorgfältig bedacht werden, um die angestrebte Wirkung des Kleidungsstücks als Ganzes sowie der gesamten Kollektion zu erzielen.

■ METHODE

1. Dokumentieren einer bestimmten Umgebung Halten Sie mit einer Kamera den Makro-, also den Gesamteindruck z. B. einer Eingangshalle, eines Büros, Restaurants oder einer Straße fest. Diese Bilder geben bei der Erstellung eines Kundenprofils Farbe und Grundstimmung vor. Historische Stätten, Gebäude, die für eine bestimmte Kunst- oder Designrichtung stehen, und andere Orte, die einen klar definierten Stil verkörpern, eignen sich dafür am besten. Dokumentieren Sie dann Mikro-Eindrücke, also spezifische Details der Umgebung. Diese werden bei der Designentwicklung in Bereichen wie Motiv, Stoffgestaltung, Details und Silhouette eingesetzt. Zum Schluss reduzieren Sie die Auswahl für die Kollektionsentwicklung auf drei bis vier Bilder.

2. Makro-Eindruck Bauen Sie Ihre Farbpalette auf der Wirkung des Raums bzw. der Umgebung und dem Kundenprofil auf: Wer ist die Person, die dort lebt? Manche Designer halten sich an konkrete Hinweise, andere beziehen sich eher auf die allgemeine Stimmung. Ein bestimmtes Restaurant lässt z. B. aufgrund der Speisekarte, des Standorts oder des Ambientes auf spezifische Kunden schließen. Eine Straße wiederum strahlt vielleicht eine spezielle Atmosphäre aus, aufgrund des Stadtviertels, der Farben und Texturen, der Lichtverhältnisse und anderer visueller Hinweise, anhand derer man das Profil eines imaginären Kunden erstellen kann.

3. Mikro-Eindrücke Setzen Sie die Detaileindrücke zwei- und dreidimensional in unterschiedlichen Maßstäben, Stoffen und Farbbeziehungen um. Variieren Sie die Interpretationsebenen von konkreten Umsetzungen bis zu Andeutungen der Formen und Strukturen. So gewinnt die Kollektion an Tiefe, ohne dass der Motivzusammenhang verloren geht. Diese inspirierenden Details sollten unterschiedlich gewichtet sein. Nur eines darf dominieren, damit die Kollektion nicht überfrachtet und unkoordiniert wirkt.

4. Aufbau der Kollektion Wenn Sie die sechs bis acht endgültigen Looks anhand Ihrer Skizzenarbeit erstellen, dann analysieren Sie ihre Anordnung von links nach rechts im Hinblick auf erzählerische Wirkung, Farbfluss, Gewichtung und Positionierung der Akzentfarben, Ausgeprägtheit des Designs, das Verhältnis strenger und organischer Silhouetten sowie den Abwechslungsreichtum der Zusammenstellung und die Vollständigkeit des Angebots.

◁ **Achtung Baustelle** Zu dieser Denimkollektion inspirierten Strukturen, Texturen, Farben und Formen auf einer Baustelle. Das stimmige Verhältnis zwischen Farbe und variierenden Silhouetten in Verbindung mit einer auf den Kunden abgestimmten Farbpalette sorgt für dynamische Ergebnisse.

Übung 10
Der Laufsteg

Diese Übung befasst sich mit den verschiedenen Ebenen der Interpretation einer Inspiration sowie der Weiterentwicklung einer Kollektion für den Laufsteg.

ZIELSETZUNG

- Übersteigerung oder konkrete Umsetzung der Inspiration, um die Kernaussage der Kollektion zu vermitteln
- Weiterentwicklung des Konzepts zu einer massenmarkttauglichen Variante
- Festlegung des Präsentationsablaufs für den Laufsteg

Die Reihenfolge, in der die Looks präsentiert werden, muss bei der Entwicklung einer Kollektion unbedingt bedacht werden. Die Art und Weise, wie sich Dynamik aufbaut, wie mit Farbe und Silhouette umgegangen wird, und die unterschiedlichen Wege zur Vermittlung des Konzepts und der Inspiration sind entscheidend für die Aussagekraft einer Kollektion. Der Aufbau der Präsentation kann variieren. Bei manchen Designern entwickelt sich in der Abfolge aufeinander aufbauender Looks eine Geschichte, indem z. B. konventionelle Silhouetten den Anfang machen und bald von extremen Interpretationen des Konzepts abgelöst werden – eine Technik, die häufig von Alexander McQueen angewandt wurde. Andere Designer stellen eine Präsentation mit mehreren Höhepunkten zusammen, sodass extreme Konzept- oder Inspirationsumsetzungen sich mit anderen Interpretationsebenen vermischen.

LEITFADEN FÜR DIE ZUSAMMENSTELLUNG DER KOLLEKTION:

20 Prozent konkrete oder „extreme" Umsetzungen

Diese Gruppe bringt das Konzept, die Inspiration sowie die Vision für eine Kollektion in Reinform zum Ausdruck. Die Kreationen sind entweder nur für Editorials und den Laufsteg geeignet oder verkörpern die konkreteren Interpretationsebenen des jeweiligen Themas. Bei manchen Designern handelt es sich um höchst künstlerische Unikate, wie z. B. Hussein Chalayans Roboterkleider, bei anderen um tragbare Stücke, die deutlich eine Inspiration verkörpern, wie die aufwendigen Ethno-Stickereien von Oscar de la Renta.

60 Prozent Kernmodelle

Die Kernmodelle bilden die Basis einer Kollektion und vermitteln dem Kunden die Identität des Designers. Es handelt sich um die Hauptartikel, die von Einzelhändlern eingekauft werden. Die Ausprägung des Designs in dieser Kategorie reicht von konkreten bis zu gefilterten Umsetzungen des Themas, wobei die Teile zugleich marktfähig und designorientiert sein müssen.

20 Prozent Basics

Wie trendig oder avantgardistisch ein Designer auch sein mag – Basics dürfen in keiner Kollektion fehlen. Mit T-Shirts, klassischen Anzügen oder schlichten Hosen und Hemden mit reduzierten Details gibt diese Kategorie den eher konservativen Kunden die Möglichkeit, Teil Ihrer Designwelt zu werden. Gleichzeitig vervollständigt es Ihr Sortiment, sodass es dem Stammkunden eine umfassende Garderobe bietet.

◁ **Richtig gewickelt** Die Stahlkonstruktion eines Gebäudes inspirierte zu äußerst konzeptuellen Umsetzungen, wie den tätowierten Linien, die in Draht übergehen und sich um den Körper wickeln oder dem silbernen Maschengitter, das, über Wollgestrick gelegt, dem Träger eine Art Schutz vermitteln soll.

◁ **Anpassung des Konzepts** Wird ein bestimmtes Motiv mit unterschiedlichen Stoffarten und -gewichten und Maßstäben umgesetzt, vermeidet man Redundanz und Monotonie. Auch variierende Farbbeziehungen sorgen dafür, dass eine Kollektion dem Kunden eine umfassende, abgerundete Auswahl bietet.

■ METHODE

1. Konkrete Umsetzung Die ersten Skizzen sollten Ihre Inspiration und Ihr Konzept konkret und ungefiltert darstellen. Diese müssen nicht unbedingt durch Motiv, Stoff und Farbe verknüpft sein, weil daraus für die beiden anderen „gefilterten" Kategorien, die den Großteil der Kollektion umfassen, Designelemente abgeleitet werden. Diese konkreten Looks können tatsächlich für die Produktion bestimmt sein oder lediglich als Unikate der Modenschau Dramatik verleihen.

2. Anpassung für den Kernbereich Überlegen Sie, wie die radikalsten Looks im Hinblick auf Silhouette, Details, Stoff etc. für eine breitere Kundenschicht abgewandelt werden können. Vereinfachen Sie dafür das Design: So können z. B. Proportionen geändert, Farbbeziehungen abgeschwächt und tragbarere Stoffe gewählt werden; auch Verzierungen lassen sich in Proportion und Ausführung abwandeln. Vergessen Sie nicht, dass auch das Styling eine wichtige Rolle spielt, wenn es darum geht, Inspiration und Konzept in unterschiedlicher Intensität zu vermitteln.

3. Entwicklung der Basics Auf Grundlage der ersten beiden Kategorien werden schließlich die Basics entwickelt. Diese Artikel finden sich bei allen Designern und in sämtlichen Marktsegmenten, sind aber mittels Farbe, Stoff und Stil auf Ihre Kollektion abgestimmt. Hierzu zählen z. B. eine Variante des klassischen Herrenhemds, T-Shirts, Hosen und Röcke in vertrauten Ausführungen und ähnliche simple Teile, die sich stimmig in den Kontext Ihrer Kollektion einfügen. Sie bilden das Fundament der Kollektion und können unkompliziert in die Garderobe Ihrer Kunden integriert werden.

4. Laufsteg-Anordnung Beginnen Sie mit einer Zusammenstellung von zwölf bis 15 Modellen, um den Präsentationsablauf grob festzulegen. Überlegen Sie, ob Sie die Show durch ein furioses Finale mit den radikalsten Silhouetten beenden oder eher die Präsentation mit eingestreuten dramatischen Effekten durchsetzen möchten. Danach entscheiden Sie, wo die Kernmodelle die beiden anderen Kategorien unterstützen müssen. Generell sollte dabei die Vielfalt an Trageerlebnissen für den Kunden zum Ausdruck kommen.

Übung 11
Mode im Wandel

Diese Übung beschäftigt sich mit den gesellschaftlichen Kräften, die Veränderungen in der Mode bewirkten. Genauso wie konzeptuelle Ideale, die häufig im Gegensatz zu herrschenden Normen stehen, manifestieren sie sich in vielfältigster optischer Form.

■ ZIELSETZUNG

- Analyse zum Wandel in der Mode – inwiefern kann er eine Kultur beeinflussen und Veränderungen des Lebensstils auslösen?
- Erstellung einer Kollektion mit dem Thema: ein Umbruch in der Modegeschichte

Das Frauenbild und die Stellung der Frau in der Gesellschaft, der Wandel politischer und wirtschaftlicher Strukturen und das Aufkommen neuer Technologien sind nur einige Beispiele für äußere Faktoren, welche die Weiterentwicklung der Mode bewirkten und die Bedeutung von Kleidung veränderten. Derartige Umbrüche ließen vielfältige „Modeclans" entstehen, und Kleidung wandelte sich vom Indikator des sozialen Stands zu einem Ausdrucksmittel, das Persönlichkeit, Überzeugungen und Gruppenzugehörigkeit anzeigt.

VORSCHLÄGE FÜR RECHERCHETHEMEN

- Claire McCardells Denim- und Tagesmode
- Die Betonung architektonischer Form und Struktur ohne überflüssige Details (Balenciaga, Sybilla, Montana etc.)
- Die Weltwirtschaft und ihr Einfluss auf ethnisch inspirierte Mode
- Die „japanische Invasion" im Paris der 1980er-Jahre
- Die französische Nouvelle Vague oder die Beatnik-Kultur
- Futurismus (Cardin, Courrèges etc.)
- Hippie- und/oder britische Punkbewegung
- Herrenmode als Impuls für Damenmode (Mode der 1920er-Jahre, frühe Armani-Modelle etc.)
- Militärische Einflüsse auf die Prêt-à-porter-Mode (Mode nach den Kriegszeiten etc.)
- Technischer Fortschritt in der Textilindustrie
- Verwendung neuer/unkonventioneller Materialien oder deren Zweckentfremdung (Paco Rabanne: Metall; Martin Margiela: gebrauchte Materialien; Prada: Nylon; Kamali: Fallschirmseide etc.)

▽ **Sepiatöne** Eine Montage historischer Sepiadrucke, die Körper im Korsett zeigen, inspirierte zu einer Farbpalette.

▷ **Positiver Einfluss** Coco Chanel verwarf das Korsett, das Frauen beim Ankleiden von fremder Hilfe abhängig machte und die Bewegungsfreiheit einschränkte. Mit ihren Kreationen aus Jersey trat sie für einen aktiveren Lebensstil ein, der körperlich und gesellschaftlich mehr Freiheit bot.

◁ **Aufweichung** Diese Kollektion zeichnet sich durch eine Prise Humor und einen klaren Standpunkt aus. Das starre Korsett wurde neu überdacht und mit weichen Formen und Stoffen in komfortable Strickkreationen umgewandelt.

UMSETZUNG DER RECHERCHEERGEBNISSE IN DESIGN

Leitgedanken für den Designprozess:
- Welche „Normen" herrschten vor dem Wandel in der Mode, und wie können diese in die Kollektion einfließen, um für Kontext zu sorgen?
- Wie bringen Farbe und Stoff den historischen Umbruch optisch zum Ausdruck?
- In welchem Bezug steht die Inspiration zum Wandel? Ist sie auch ohne ihn denkbar?
- Wie stark ist die Entwicklung der Silhouette mit dem Wandel verknüpft? Sprechen den Kunden konkrete oder verkürzte Interpretationen an?
- Hat sich das Frauenideal durch den Umbruch gewandelt? Hat das eventuell Einfluss auf das Kundenprofil?
- Welche Kleidungsnormen entstanden mit dem Wandel? Können die entsprechenden Silhouetten als Basis für die Darstellung des Wandels dienen?
- Welche Bewegung folgte auf den Wandel? Gab es Attribute, die bis zum nächsten gesellschaftlich bedeutenden Umbruch überlebten?

■ METHODE

Recherchieren Sie zu einem Modewandel, dessen Designprinzipien und Ästhetik Sie ansprechen:

1. Gesellschaftliche Einflüsse Recherchieren Sie, inwiefern die Gesellschaft zur modischen Revolution beitrug und gegen was/wen man sich auflehnte.

2. Erweiterung um eine Inspiration Der gewählte Wandel liefert das Grundkonzept für die Kollektion, doch Sie müssen zusätzlich eine eigene Inspiration einbringen. Wenn Ihr Thema z. B. „Herrenmode als Impuls für Damenmode" lautet, könnte Art déco-Mobiliar die Inspiration für das Design darstellen.

Übung 12
Polaritäten

An dieser Stelle befassen wir uns mit den extremen Gegenpolen eines Themas.

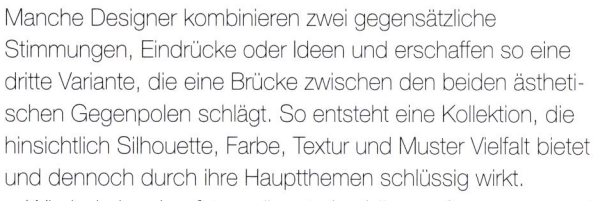

ZIELSETZUNG

- Recherche zu zwei Konzepten für ein Thema
- Herausfiltern und Weiterentwickeln von Inspirationen in einem Konzept
- Einbettung einer Kollektion in einen umfangreicheren Themenkontext
- Studie zur ausgewogenen Umsetzung von Inspirationen in Kleidung

Manche Designer kombinieren zwei gegensätzliche Stimmungen, Eindrücke oder Ideen und erschaffen so eine dritte Variante, die eine Brücke zwischen den beiden ästhetischen Gegenpolen schlägt. So entsteht eine Kollektion, die hinsichtlich Silhouette, Farbe, Textur und Muster Vielfalt bietet und dennoch durch ihre Hauptthemen schlüssig wirkt.

Wie bei einer Laufstegpräsentation können Ausgangs- und Schlusspunkt Ihrer Kollektion sehr unterschiedlich sein, doch eine thematische Verbindung entsteht über die dazwischenliegenden Modelle. Gewisse Looks werden eindeutig auf einen der ästhetischen Pole ausgerichtet sein, deren Verhältnis zu den gemischten Looks bei 75/25, 50/50 oder auch bei 25/75 liegen kann.

▷ Die Gegenpole „Ordnung/Unordnung" inspirierten den Designer.

Beispiele für Gegenpole

- organisch/linear
- klassisch/avantgardistisch
- funktional/luxuriös
- enthüllen/verhüllen
- vertraut/fremd
- groß/klein
- innen/außen
- konstruiert/dekonstruiert
- maskulin/feminin
- konformistisch/rebellisch
- weich fließend/hart

METHODE

1. Wahl der Gegenpole Wählen Sie ein Begriffspaar aus der Liste links, z. B. „organisch/linear".

2. Wahl des Themas Sammeln Sie nun Inspirationen zu den ausgewählten Konzepten. Für das Begriffspaar „organisch/linear" könnte z. B. die Kunst eine geeignete Quelle sein: Jugendstil für „organisch" und Art déco für „linear". Diese beiden Stile haben spezifische Formen, Farbpaletten, Texturen und Gestaltungen hervorgebracht und bieten eine Fülle von Recherchematerial. Außerdem umfassen beide auch Mobiliar, Kunsthandwerk und Grafikdesign, sodass zusätzliche direkte Vergleiche möglich sind.

Achten Sie bei der Recherche darauf, wie sich die gestalterischen Umsetzungen in Farbe, Form, Maßstab und Textur unterscheiden bzw. ähneln. Wie können Sie bei der Stoffauswahl für Abgrenzung sorgen, und wo wird es zu Überschneidungen bei der Stoff- und Farbwahl kommen?

3. Zusammenstellung der Stoffe und Farben
Abschließend erstellen Sie eine Stoffpalette, welche die beiden Gegenpole zum Ausdruck bringt, und entscheiden, an welchen Stellen Farben und Stoffe eine Brücke zwischen den Gegenpolen schlagen.

EINFÜHRENDES BEISPIEL

Konzept: Ordnung/Unordnung

Inspiration: die Künstler Barnett Newman (Ordnung) und Franz Kline (Unordnung)

In diesem Beispiel wurden die Gegenpole „Ordnung/Unordnung" gewählt; als Inspirationsthema wurde zu „Kunst" und „Bewegung" recherchiert. Die großformatigen Bilder des Künstlers Barnett Newman zeichnen sich durch Farbflächen aus, die ein Gefühl von Kontrolle, Linie, Uniformität und militärischer Präzision vermitteln. Seine Kompositionen sind sehr „geordnet" und statisch. Franz Klines Umgang mit Farbe ist dagegen fast als gewaltsam zu bezeichnen, von Bewegung bestimmt, vollkommen gleichgültig gegenüber Begrenzungen oder der kontrollierten Form. Er arbeitete nicht überlegt, sondern ließ mit Farbe absolut spontane Formen entstehen. Dieser Gegensatz kommt auch in der Gegenüberstellung von marschierenden Soldaten und fließenden Ballettbewegungen zum Ausdruck.

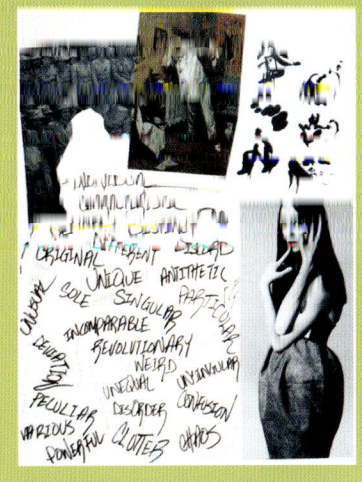

◁ **Wortassoziationen** Eine Liste von Begriffen kann hilfreich sein, die Atmosphäre für eine Kollektion zu beschreiben. So können Stoffe, Farbe und andere Designelemente zielgerichtet ausgewählt werden. Hier wurde für beide Gegenpole je eine Liste erstellt und deren Aussagekraft mit der Textanordnung und der Bildgestaltung verstärkt.

◁ **Bewegung als Inspiration** Anhand von verschiedenen Bewegungsarten definierte die Studentin die Gegenpole des Konzepts genauer: Ein Militärmarsch stellt die „Ordnung" dar (das liefert ihr militärische Designdetails), und die „Unordnung" repräsentiert das gefühlsbetonte Ballett Nijinskys (das lieferte ihr die Tutu-Silhouette).

▷ **Skizzenentwicklung: von Newman inspirierte Ordnung** Diese Entwürfe zeigen lineare Formen und militärische Details. Lang gezogene Kragen, Blenden und Jackenformen und sogar die Pose der Figur sorgen für einen kontrollierten, linearen und vertikalen Eindruck.

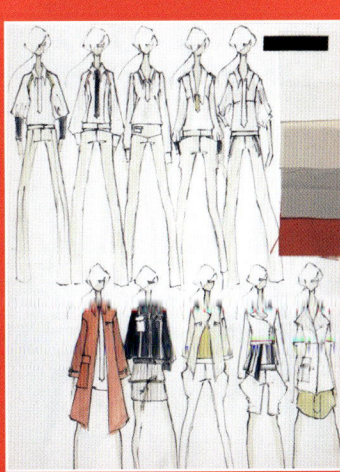

◁ **Skizzenentwicklung: von Kline inspirierte Unordnung** Diese Entwürfe sind zergliedert: mit Horizontalen, die den Blick in Bewegung halten, mit bewegten Silhouetten und Stoffgestaltungen und mit Konstruktionen, die den Körper unterteilen. Es entsteht eine chaotische Komposition und eine eher lockere Silhouette.

Übung 13
Eine Inspiration für alle

Von anderen zu lernen ist wichtig für die eigene Entwicklung als Designer. In dieser Gruppenübung entwerfen alle Teilnehmer ihre eigene Kollektion unter Vorgabe einer einzigen Inspiration.

ZIELSETZUNG
- Beobachtung der Arbeitsprozesse und Methoden anderer Designer
- Analyse von Interpretationen, Recherchen und Auswertungen anderer Designer
- Merkmale einer vermarktungsfähigen Kollektion definieren

Eine vorgegebene Inspiration sollte einen Designer nie davon abhalten, sich die jeweilige Materie zu eigen zu machen, um eine Kollektion zu entwickeln, die seine eigene kreative Handschrift trägt. Jeder Designer muss mit Stoffen, Farben und auch mit der Inspiration selbst so umgehen, dass er seine Persönlichkeit am besten zum Ausdruck bringt. Er darf sich nicht zu stark von den Vorgaben beeinflussen lassen, damit sein eigener Stil gewahrt bleibt.

◁ △ **Unter vollen Segeln** Hier wurde die Inspiration *Moby Dick* bewusst nicht mit historischen Gewändern interpretiert. Stattdessen orientierte man sich an der Takelage und den Segelformen, um mit innovativen Schnitten und Details eine besondere Herrenkollektion zu kreieren.

ÜBUNG 13 EINE INSPIRATION FÜR ALLE 121

METHODE

1 Zunächst wird für Thema und Inspiration ein breit interpretierbarer Oberbegriff festgelegt. Dann dürfen alle Teilnehmer daraus verschiedene Elemente greifen, zu denen die eingehende recherchiert wollen, um einen eigenen Kontext zu entwickeln.

2 Nach Abschluss der Projektarbeiten werden die Ergebnisse präsentiert: Betrachten Sie die einzelnen Kollektionen unter folgenden Gesichtspunkten, und vergleichen Sie die unterschiedlichen Ansätze:

- Wie wurde das Recherchekonzept aufgebaut? Wie führte die konzeptionelle Entwicklung zu den spezifischen Recherchefeldern?
- Welche Stoff- und Farbauswahl wurde getroffen und auf welche Weise?
- Wie konkret wurde das Thema in der Kollektion umgesetzt? Stellt die Interpretation wirkungsvoll einen Bezug zum Zielkunden her? Warum? Warum nicht?
- Welche konzeptionellen Ideen wurden bei der Entwicklung der Looks verwendet? Wie sprechen sie das Thema an? Wie wurden die Konzepte mit dem Design verknüpft?
- Wie unterschiedlich waren die Zielkunden für die einzelnen Arbeiten? Passt das Thema zu einem Kundentyp besonders gut im Vergleich zu anderen? Warum? Warum nicht?
- Wie können die Ansätze, die sich am deutlichsten von Ihrer eigenen Interpretation des Themas unterscheiden, Ihren zukünftigen Designprozess bereichern?
- Gibt es Ergebnisse, die Ihren eigenen ähneln, aber offensichtlich auf ganz unterschiedlichen Wegen erreicht wurden? Gibt es Projektarbeiten, deren Anfangsrecherchen vergleichbar waren, die aber letztlich zu völlig anderen Ergebnissen führten?
- Wie tragen Illustration und Präsentation zur Kundenbestimmung bei?
- Welche Marktsegmente werden angesprochen, und wie wurde dies durch Stoffwahl und Schnittkonstruktion verdeutlicht?
- Beeinflusste die Inspiration die preisliche Ausrichtung der Kollektion? Warum? Wie?
- Vergleichen Sie die Projektarbeiten, die sich eng an die Inspiration anlehnen, mit denen, die auf entfernteren Interpretationsebenen angesiedelt sind. Welche Auswirkung hat das auf den Zielkunden?

▷ **Kapitän Ahabs Mannschaft** Rockwell Kents Illustrationen bestimmen die Designausrichtung der Kollektion, und *Moby Dick* diente als Inspiration. Historische Männerkleidung, eine ungezwungene Haltung und moderne Proportionen vermitteln das Bild eines lässigen Stadtkunden.

Übung 14
Accessoires

Einer der größten neuen Märkte im Modedesign ist das Geschäft mit Accessoires. Sie runden die Kollektion eines Designers ab und bieten dem Kunden ein zusätzliches Kauferlebnis. Diese Übung zeigt, wie man Accessoires in die Kollektion integriert.

ZIELSETZUNG

- Analyse von erfolgreichen Accessoire-Kollektionen
- Erkundung der verschiedenen Ansätze im Accessoire-Design
- Beantwortung der Frage: Welcher Ansatz ist für die eigene Kollektion am besten geeignet und warum?

Die Kleidung steht nach wie vor an erster Stelle, doch Accessoires sind ein wichtiger Bestandteil des Einkaufserlebnisses und des Geschäfts mit der Mode im Allgemeinen. Modehäuser haben oft völlig verschiedene Ansätze, was die Designentwicklung von Accessoires angeht. Accessoires können einen eigenen Bereich darstellen, der offensichtlich ohne Bezug zu den Motiven und Themen des Kleiderentwürfe steht, aber auch Bezug zur entworfenen Kleidung haben und deren Farben, Motive und Stoffe aufgreifen, um dem Kunden und dem Einzelhandel eine abgerundete Gesamtpräsentation zu bieten.

▽ **Spiel mit Texturen** Oft sorgen unerwartete Texturen für die stimmige Ergänzung eines Looks, wie diese Ponyfell-Schuhe und die Clutch aus Aalhaut.

METHODE

Studieren Sie die aufgeführten Beispiele zu jedem Ansatz, und finden Sie eigene Beispiele.

1. Vorrangiger Designbereich Designer oder Labels, die zunächst Anbieter von Lederwaren und Accessoires waren, sind zunehmend dazu übergegangen, kleine Zwischenkollektionen mit Kleidung anzubieten, um das Angebot für ihre Stammkunden zu erweitern und neue Kunden zu gewinnen. In der Regel werden zunächst die Accessoires entworfen und später die Kleidungsstücke, um die Firmenidentität über ein stimmiges Design zu stärken.
Beispiele: Coach, Cole Haan, Bally, Kate Spade

2. Zweitrangiger Designbereich Der Schwerpunkt liegt auf dem charakteristischen Modedesign des Unternehmens, weshalb Motiv, Farbe, Stoff und Konzepte für das Design der Accessoires aus der Modekollektion übernommen werden. Visuelle Elemente und die thematische Ausrichtung werden eher auf die Accessoires übertragen, anstatt dafür spezielle thematische Kriterien zu entwickeln. Design und Details der Accessoires können vereinfacht sein, um die Stimmung der Kollektion zu unterstützen.
Beispiele: Jil Sander, Calvin Klein, Ralph Lauren

3. Gleichrangige Designbereiche Dieser Ansatz findet sich oft bei Unternehmen, die sich zunächst mit Lederwaren in der internationalen Modeszene einen Namen machten, bevor sie mit saisonalen Modenschauen, die ebenso richtungsweisend wie ihre begehrten Accessoires waren, Kultstatus erlangten. Obwohl die Accessoires des Unternehmens die Identität der Kollektionen unterstützen, werden sie oft als unabhängiges Sortiment präsentiert und stellen einen großen Posten im Jahresumsatz dar.
Beispiele: Louis Vuitton, Prada, Gucci

4. Ausschließlicher Designbereich Der Entwurfsprozess eines Designers, der sich auf Accessoires konzentriert, unterscheidet sich kaum von dem für Kleidung. Die Modelle einer Zwischenkollektion werden durch eine Farb- und Materialpalette geeint und weisen ähnliches Zubehör und Zierelemente auf. Für die Vermarktung ist es wichtig, ein möglichst vielfältiges Sortiment zu präsentieren.
Beispiele: Jimmy Choo, Manolo Blahnik, Christian Louboutin, Sigerson Morrison

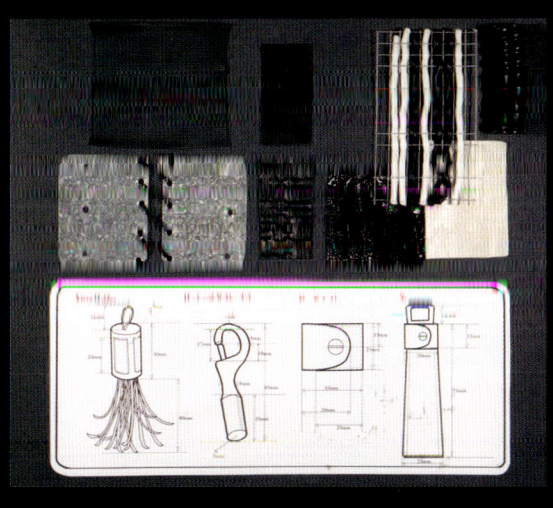

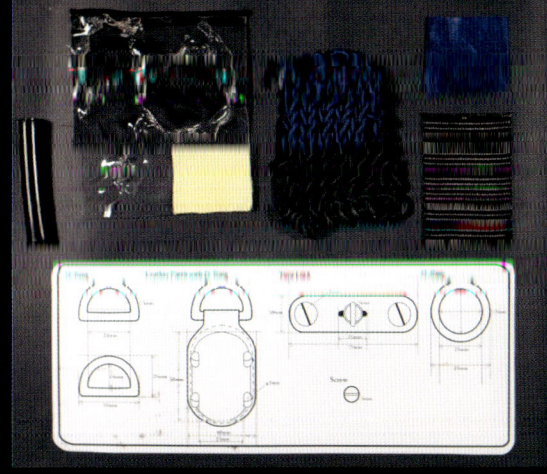

◁ **Thema ausführung**
Die Texturen und die besondere Gestaltung von Verschlüssen, Trägern und Details machen den Charme dieser Accessoires aus. Da Accessoires einer bestimmten Funktion und einem Kundenbedürfnis gerecht werden müssen, sind Entwürfe mit präzisen Maßangaben wichtig.

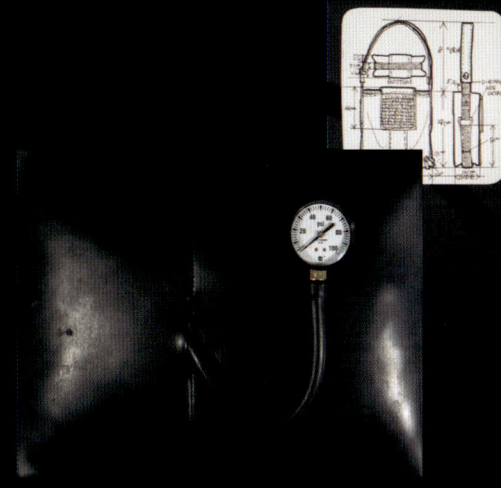

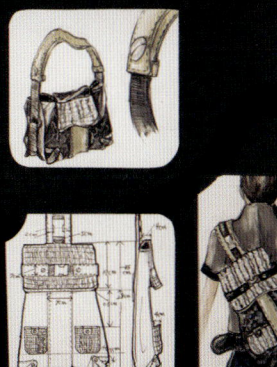

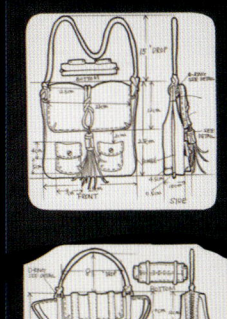

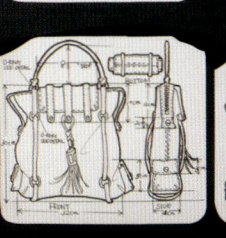

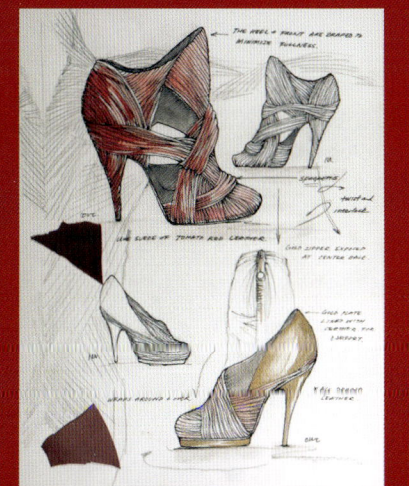

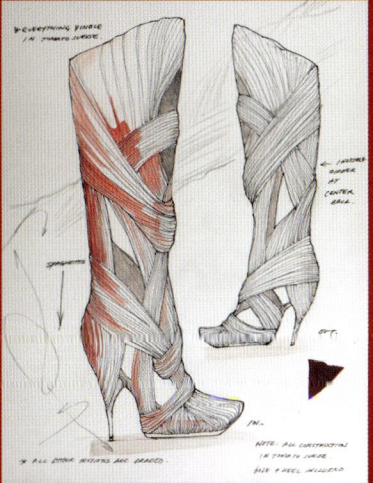

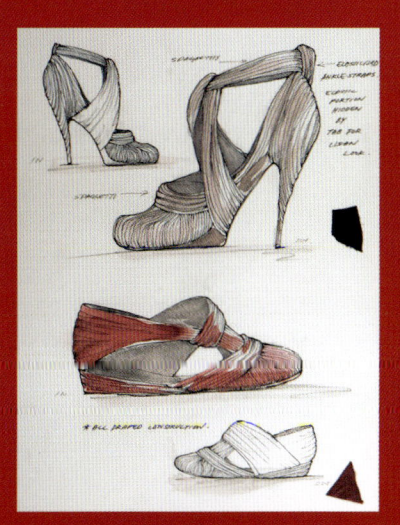

◁ **Thema mit Variationen**
Auch in Accessoire-Kollektionen kommt ein Motiv zum Einsatz. Wie man hier sieht, können aufgrund der kleineren Größenordnung von Accessoires schon minimale Veränderungen der Proportionen die Persönlichkeit der Modelle stark verändern.

KAPITEL 5

Die Berufswelt

Der Wechsel von der Modedesign-Ausbildung in die Berufswelt kann relativ fließend verlaufen, vorausgesetzt, Sie haben sich ein solides Fundament angeeignet, was das Vokabular, die Fertigkeiten und das konzeptionelle Denken im Modedesign angeht. Wenn Sie während des Studiums ein Praktikum in einer Modeunternehmen absolvieren, erhalten Sie noch vor Ihrem Berufseinstieg wertvolle Einblicke in Firmenabläufe.

Im Lauf des Studiums und Ihrer späteren Laufbahn werden Sie erkennen, wie breit gefächert die Modeindustrie ist und welche Karrieremöglichkeiten existieren: von Bereichen, in denen man sehr praktisch arbeitet, wie beim Erstellen von Musterschnitten oder Probemodellen, über Tätigkeitsfelder wie das Textil- oder Kostümdesign, wo man mit Grundlagen arbeitet, bis zu theoretischeren Gebieten wie dem Modejournalismus oder der Modegeschichte. Die Vielfalt an Berufsbildern bietet Möglichkeiten für unterschiedlichste Interessen und Fähigkeiten.

◁▷ **Profilieren Sie sich** Mit den Abschlusskollektionen zeigen die Studenten vor dem Eintritt in das Berufsleben, welche Fähigkeiten und Konzepte sie beherrschen und welche Designrichtung sie einschlagen werden.

LEKTION 21
Berufsfelder

Das praktische und theoretische Wissen, das Sie sich im Studium angeeignet haben, eröffnet ein breites Spektrum an Berufsfeldern.

Es ist wichtig, schon während der Ausbildung darauf zu achten, welche Mode- und Designbereiche Sie am spannendsten finden und welche Ihnen besonders liegen. So lässt sich die Nische finden, in der sich Ihre Interessen und Talente am besten entfalten können.

SCHWERPUNKT: KONZEPTION UND PRAKTISCHES KÖNNEN

• **Modedesigner**
Unbegrenzte Anzahl an Produktarten und Unternehmen unterschiedlicher Größe. Zunehmend internationale Arbeitsmöglichkeiten, da immer mehr Länder Modewochen ausrichten.

• **Textildesigner**
Arbeitet für Entwürfe oft mit einem Modehaus zusammen oder auch für ein Textildruckunternehmen, das Designern exklusiv Rechte an Textilentwürfen für saisonale Kollektionen verkauft.

• **Accessoire-Designer** Entwirft ergänzende Artikel zu einer Kollektion oder eigenständige Accessoires. Das Tätigkeitsfeld bietet sich an, wenn man sich für Technik und Formgestaltung interessiert oder besonders erfindungsreich im Bereich Konstruktion ist.

• **Kostümdesigner**
Gefragt sind großes historisches Wissen und die Fähigkeit, mit Form, Stoff, Farbe und Textur einen Charakter und eine Stimmung optisch darzustellen, insbesondere im Zusammenspiel mit den anderen Charakteren.

• **Modelleur/Modellmacher**
Modelleure sind mit der Umsetzung des Entwurfs und der Vision des Designers befasst. Der Aufgabenbereich ist extrem vielseitig und reicht von der Anfertigung eines Kleidungsstücks über die Assistenz bei der Designarbeit bis zur Suche nach den besten Konstruktionslösungen und der technisch besten Passform, was für den Erfolg im Handel ausschlaggebend sein kann.

• **Produktmanager**
Er betreut alle Modelle für eine Kollektion, verwaltet die Ordern aus dem Handel, kümmert sich um die Bestellung von Stoffen und Zubehör, besucht Fertigungsbetriebe und übernimmt die Qualitätskontrolle. Kurz, er sorgt dafür, dass das Produkt pünktlich in den Geschäften ankommt und der erwarteten Qualität entspricht.

• **CAD-Designer**
Das Aufgabenfeld umfasst die Gestaltung von Dessins und Mustern am Computer, die Erstellung digitaler Spezifikationszeichnungen für die Fertigung und das Entwerfen von Druckgrafiken für den Public-Relations-Bereich.

• **Stylist**
Er unterstützt den Designer dabei, seine Botschaft deutlich herauszuarbeiten, arbeitet an der Entwicklung von Stoff- und Farbpaletten mit und stellt Laufstegpräsentationen zusammen.

SCHWERPUNKT: WISSEN UND TRENDS

• **Einkäufer im Handel**
Für diesen Beruf benötigt man eine genaue Kenntnis von Trends, den Kundenprofilen und den Faktoren, die das Klima im Einzelhandel beeinflussen können. Einkäufer verfügen oft über einen sechsten Sinn, mit dem sie erahnen, wonach Kunden Monate später verlangen.

• **Retail Manager**
Im Einzelhandel ist ein umfängliches Modewissen im Hinblick auf den aktuellen kulturellen Kontext und die technischen Aspekte wichtig, um den Kunden bestmöglich über das Produkt informieren zu können.

• **Handelsvertreter/Modeagent**
Man arbeitet meist exklusiv für den Designer und vertritt ihn als Agent gegenüber Einkäufern, die man umfassend über das Unternehmen und die Produkte informiert. Außerdem werden die Verkaufszahlen und Wünsche des Handels für die folgende Saison analysiert.

• **Public Relations im Modebereich**
Das Aufgabenfeld umfasst die Analyse von Möglichkeiten der Medienpräsenz sowie die Öffentlichkeitsarbeit, um die Aufmerksamkeit für ein Modehaus durch Events wie saisonale Präsentationen der Kollektionen zu sichern.

• **Modejournalist**
Für diesen Bereich benötigt man Verständnis für Modegeschichte und das aktuelle Zeitgeschehen. Wichtig ist auch die Fähigkeit, Design analysieren und beurteilen zu können, sowie ein Gespür für kommende Trends.

• **Kostümhistoriker**
Er ist in einem Museum oder einer Galerie mit der Betreuung einer Sammlung und der Erforschung von Kleidungsstücken beschäftigt und vermittelt Studenten ein tieferes Verständnis für Modedesign und den gesellschaftlichen Kontext.

• **Trendforscher**
In diesem Beruf gilt es, weltweit kulturelle, wirtschaftliche und gesellschaftliche Gegebenheiten zu untersuchen, um daraus Prognosen für Veränderungen in der Zukunft und deren Auswirkung auf das Verbraucherverhalten abzuleiten.

VERWANDTE BERUFSFELDER

• Modeillustrator
• Innenarchitekt
• Künstler
• Grafikdesigner

LEKTION 22
Der Lebenslauf

Der Lebenslauf muss einen guten Eindruck vermitteln – Sie präsentieren sich potenziellen Arbeitgebern noch vor einem persönlichen Gespräch.

Mit entsprechender Wortwahl, klarer Gliederung und ansprechendem Layout vermitteln Sie dem Empfänger, dass Sie für die Stelle in höchstem Maß geeignet sind.

Ein guter Lebenslauf stellt eine strukturierte Kurzdarstellung der Fähigkeiten und Erfahrungen dar, die sich auf die Stelle beziehen, für die Sie sich bewerben. Die Darstellung Ihres beruflichen Werdegangs sollte zielgerichtet wirken und Punkte hervorheben, die Sie von anderen Bewerbern abheben. Ihre Fähigkeit, mit Verantwortung und Herausforderungen umgehen zu können, sollte zum Ausdruck kommen, ebenso wie Ihr Interesse an einer langfristigen Zusammenarbeit mit dem Unternehmen.

Sie müssen sich im Klaren sein, dass bei einem Unternehmen oft unzählige Bewerbungen eingehen und diese deshalb in wenigen Sekunden überflogen werden. Ein Layout, das zentrale Punkte hervorhebt, steigert Ihre Chancen beträchtlich, es in die nächste Auswahlrunde zu schaffen. Angesichts der großen Bedeutung, die der Lebenslauf für die berufliche Zukunft hat, muss er mit größtmöglicher Sorgfalt erstellt werden.

Leitfaden für den Lebenslauf

Trotz aller gestalterischen Freiheit müssen für eine gelungene Präsentation einige Grundsätze eingehalten werden.

Beschränkung auf eine Seite
Sofern Sie nicht bereits längere Berufserfahrung aufweisen können oder an der Universität arbeiten, wo mehrseitige Lebensläufe die Regel sind, sollten Sie sich auf eine Seite beschränken. So kann ein potenzieller Arbeitgeber den Lebenslauf schnell lesen, und Sie sind zu einer klaren, übersichtlichen Ausführung gezwungen.

Individualität
Überlegen Sie, wie sich durch die optische Gestaltung des Lebenslaufs Ihre Persönlichkeit am besten zum Ausdruck bringen lässt. Angesichts der Bedeutung des Visuellen in der Modebranche, reagieren potenzielle Arbeitgeber positiv auf ein gut gestaltetes Layout. Beschränken Sie sich aber auf höchstens zwei Schriftarten, und vermeiden Sie übertriebene Grafikgestaltungen, damit die Klarheit nicht leidet.

Klarheit
Lebensläufe werden oft rasch überflogen. Ein gutes Layout lenkt den Blick auf die zentralen Punkte, ist klar und einheitlich gestaltet und vermittelt Informationen in knapper Form – ist also lesefreundlich.

Ein aufgelockertes Layout
Ein dicht beschriebenes Blatt schreckt den Leser ab. Genügend Zwischenräume sorgen dafür, dass der Lebenslauf „heller" wirkt – und lieber gelesen wird.

Chronologie
Ihr Lebenslauf sollte immer chronologisch aufgebaut sein. Entweder Sie legen ihn so an, dass Sie mit Ihrer letzten Tätigkeit beginnen und in die Vergangenheit zurückgehen, oder Sie beginnen mit der Schulbildung. Wichtig ist es, alle Zeitangaben aufzuführen, damit sich der Leser besser zurechtfindet.

Rubriken
Die gängigen Rubriken werden in dieser Reihenfolge geordnet: persönliche Daten, Schulbildung, Ausbildung, Praktika, Berufspraxis, besondere Kenntnisse. Auch ehrenamtliches Engagement können Sie aufführen, da es Aufschluss über persönliche Interessen und Eigenschaften gibt. Beim rückwärts-chronologischen Lebenslauf (im angloamerikanischen Raum, mittlerweile auch in Europa gängig) werden die Rubriken folgendermaßen angeordnet: persönliche Daten, Berufspraxis, Praktika, Ausbildung, Schulbildung, besondere Kenntnisse.

Unterschrift
Äußerst wichtig sind das Datum und Ihre Unterschrift am Ende des Lebenslaufs.

Das sollten Sie vermeiden
Zeitliche Lücken im Lebenslauf, politische Gesinnung, Angaben zum Beruf der Eltern.

Korrekturlesen
Rechtschreib- oder Grammatikfehler und falsche Interpunktion befördern Ihren Lebenslauf unverzüglich in den Papierkorb. Nachlässigkeit zählt nicht zu den erwünschten Eigenschaften eines neuen Mitarbeiters, ganz gleich, wie talentiert er ist.

LEKTION 23
Das Vorstellungsgespräch

Wenn Sie sich gut vorbereiten und Folgendes berücksichtigen, bietet das Vorstellungsgespräch die Chance, Ihre Vorzüge optimal herauszustellen.

Im Bewerbungsgespräch haben Sie Gelegenheit, Ihre Persönlichkeit zu zeigen und Ihre Vorzüge herauszustreichen, wie etwa, dass Sie ein Teamplayer sind, der eine Bereicherung für das Unternehmen ist und gut in das vorhandene Team passt. Wenn Sie bei der Präsentation der Mappe und des Skizzenbuchs berufliche Erfahrungen näher ausführen und Ihre Begeisterungsfähigkeit zeigen, können Sie demonstrieren, dass Sie genau der bzw. die Richtige für den Job sind.

Der Schlüssel zum Erfolg
Die folgenden Tipps sollen dabei helfen, um während und nach dem Vorstellungsgespräch einen guten Eindruck zu vermitteln.

Grundregeln für Vorstellungsgespräche:
1. Zeigen Sie sich begeistert von der Aussicht, in dem Unternehmen zu arbeiten.
2. Zeigen Sie, dass Sie über das Unternehmen, die Branche und Konkurrenten informiert sind.
3. Stellen Sie Ihre berufliche Kompetenz in den Vordergrund, nicht Ihre Titel.
4. Zeigen Sie, dass Sie Herausforderungen bei der Arbeit schätzen.
5. Zeigen Sie, dass Sie ein guter Teamplayer sind, der stets offen für Veränderungen ist.

Machen Sie Ihre Hausaufgaben
Ihr Gesprächspartner wird Sie nach Ihrer Meinung zum Produkt des Unternehmens fragen, danach, was Ihnen am besten daran gefällt und was Ihrer Ansicht nach verbessert werden könnte. Deshalb ist es ein Muss, die Kollektion zuvor in einem Geschäft studiert zu haben. Machen Sie sich Notizen zur Präsentation, der Gestaltung des Geschäfts, den Kunden und anderen Faktoren, auf die Sie im Gespräch eingehen können. Im Internet finden Sie meist die Firmengeschichte und aktuelle Presseberichte zur Branche.

Kleiden Sie sich passend
Ob Sie sich nun bei Gap oder Ralph Lauren vorstellen, Sie sollten wie ein Teil des Teams wirken. Wenn Ihr optisches Erscheinungsbild dem Stil des Unternehmens entspricht, signalisiert das Ihr Interesse, dort zu arbeiten. Sie zeigen damit, dass Sie den Designprozess der Marke verstehen und zu ihr passen.

Kommen Sie zehn Minuten früher
Das gibt Ihnen Gelegenheit, ein Gefühl für den Ort zu bekommen, und zeigt, dass Sie pünktlich sind. Früher sollten Sie allerdings nicht erscheinen, das würde den Gesprächspartner unangenehm unter Druck setzen.

Begrüßen Sie die Gesprächspartner freundlich und selbstbewusst
Gehen Sie auf die Gesprächspartner zu, wenn diese Sie begrüßen, achten Sie auf einen festen Händedruck, und blicken Sie dem Gegenüber dabei in die Augen. In den ersten Minuten entsteht ein wichtiges erstes Bild des Bewerbers, also bemühen Sie sich, freundlich, professionell und engagiert zu wirken.

Denken Sie an Ihre Körpersprache
Achten Sie auf eine entspannte, doch nicht zu lässige Körperhaltung, verschränken Sie die Arme nicht, blicken Sie Ihr Gegenüber an, lächeln Sie und sprechen Sie klar und in Tempo und Lautstärke angemessen.

Die am häufigsten gestellten Fragen
- Was interessiert Sie an dieser Stelle?
- Warum möchten Sie Ihren derzeitigen Arbeitsplatz verlassen?
- Auf welche Weise haben Sie eine berufliche Herausforderung gemeistert?
- Wie gut kennen Sie unser Unternehmen?
- Welche Designer schätzen Sie und warum?
- Wo sehen Sie sich in fünf Jahren?
- Welchen Arbeitsstil haben Sie?
- Was ist Ihre größte Stärke/Schwäche?
- Wie würden Ihre Kollegen Sie beschreiben?

Die Drei-Minuten-Regel
Ihre Antworten sollten höchstens drei Minuten lang sein, um nicht weitschweifig zu werden. Überlassen Sie stets Ihrem Gegenüber die Gesprächsführung.

Präsentation Ihrer Arbeit
Erläutern Sie bei der Präsentation der Mappe die charakteristischen Elemente der jeweiligen Entwurfsgruppe, wie Farbe, Stoff und Motiv, sowie den Entwicklungsprozess. Erzählen Sie, wie Sie arbeiten, was Sie am meisten anspricht und mit welchen Inspirationen Sie gearbeitet haben. Erwähnen Sie auch Dinge, die vielleicht nicht in der Mappe ersichtlich sind, die aber Ihre Persönlichkeit als Designer auszeichnen. Die Mappe muss benutzerfreundlich sein, vermeiden Sie also lose und gefaltete Seiten.

Bereiten Sie Fragen vor
Wenn Sie kluge Fragen stellen, zeigen Sie, dass Sie sich über das Unternehmen informiert haben, ernsthaft an der Stelle interessiert sind und Eigeninitiative besitzen.

Der Abschluss des Gesprächs
Danken Sie dem Gesprächspartner für seine Zeit, und nennen Sie einen spezifischen Grund, warum die Stelle Sie interessiert. Verabschieden Sie sich mit einem Händedruck.

Schriftlicher Dank
Senden Sie noch am selben Tag ein Dankschreiben an Ihren Gesprächspartner bzw. an alle Beteiligten des Vorstellungsgesprächs.

LEKTION 24
Präsentation der Mappe

Die Mappe zeigt Ihren Designstil und das breite Spektrum Ihres Könnens.

Die Zusammenstellung von Kollektionen, Farben und Stoffen, die Entwicklung und Ausarbeitung verschiedener Inspirationen, Detailgenauigkeit, Computerkenntnisse, Grundkenntnisse über Textildesign und die -industrie sowie allgemeine organisatorische Fertigkeiten – ein Modedesigner benötigt zahlreiche Fähigkeiten und ein umfassendes Wissen. Dieses Buch liefert einen Überblick über fast alle diese Bereiche.

Eine Mappe muss die Vielseitigkeit eines Modedesigners zum Ausdruck bringen, aber auch Entwurfsgruppen zeigen, die auf ein klar definiertes Kundenprofil ausgerichtet sind. Überlegen Sie genau, in welcher Weise Ihr Portfolio Bezug zu dem Unternehmen hat, mit dem Sie das Bewerbungsgespräch führen. Die Mappe sollte zwar eng an das Kundenprofil und den Designstil des potenziellen Arbeitgebers anknüpfen, doch Designer werden oft engagiert, weil Sie dem Team neue Impulse geben können: Einige Schritte voraus zu sein ist somit ein Indiz dafür, dass Sie in kreativer Hinsicht ein Gewinn für die Marke sein könnten.

Beispiel für ein Sportswear-Portfolio

Eine gut gestaltete Mappe sollte möglichst fließend von einer Entwurfsgruppe zur nächsten übergehen und den Betrachter mit einer Vielzahl von Saisons, Kategorien und kreativen Gestaltungsansätzen anregen. Diese Abfolge ist denkbar, um eine abgerundete Mappe für den Sportswear-Markt zu präsentieren:

Gruppe 1: Herbst/Winter; klassische Sportswear/Businesskleidung
Der Einstieg mit formelleren Entwürfen ermöglicht dem Betrachter, sich schrittweise in Ihren Stil einzufinden. Die Farbpaletten sind hier unkompliziert, die Silhouetten weisen bewährte, vorwiegend vertikale Schnitte auf, und die Inspiration wurde in der Kollektion auf einer gemäßigten Ebene umgesetzt.

Gruppe 2: Herbst/Winter; Sportswear
Hier sind komplexere Farb- und Texturbeziehungen zu finden sowie ausgefallenere und vielfältigere Silhouetten. Die Kollektion kann eine Mischung aus strengeren Schnitten und weicheren Silhouetten umfassen und ist oft verstärkt auf die Einzelmodelle ausgerichtet, die ein ausgeprägteres Design aufweisen.

Gruppe 3: Herbst/Winter; Zwischenkollektion mit Denim, Sportkleidung oder Stricksachen
In dieser abschließenden Gruppe dürfen Sie Ihre Vielseitigkeit und/oder Ihr Spezialgebiet zeigen. Die Entwürfe müssen allerdings nach wie vor auf das Kundenprofil abgestimmt sein und die Stoffe der gewählten Kategorie entsprechen. Hier haben Sie Gelegenheit, eine Fähigkeit herauszustellen, die Sie vielleicht in den vorherigen Gruppen nicht zeigen konnten: z.B. die Arbeit mit einer anderen Stoff- und Farbpalette, Fachkenntnisse im Bereich Maschenwaren etc.

Accessoires oder Zwischenkollektion
Ein neues Element trennt die Saisons voneinander: z.B. Accessoires für eine bestimmte Saison, saisonunabhängige Accessoires und/oder Accessoires für eine der vorhergehenden Gruppen. Aber auch eine Resort- bzw. Cruise-Kollektion, die zwischen den beiden Saisons liegt und vor den Frühjahrs- und Sommerkollektionen ausgeliefert wird, ist denkbar.

Gruppe 4: Frühjahr/Sommer; klassische Sportswear/Businesskleidung
Wie die erste Gruppe umfasst diese Kategorie klassisch geschnittene Sportswear als Übergang zur Frühjahrs- und Sommersaison und weist weniger extreme Designs auf. Die Stoffe sind leichter und die Farbbeziehungen auf die Saison abgestimmt.

Gruppe 5: Frühjahr/Sommer; Sportswear
Sie umfasst hauptsächlich Baumwollstoffe und andere leichte Stoffe sowie Farben, die mit der warmen Jahreszeit assoziiert werden. Die Gruppe ist komplexer aufgebaut, was Farbbeziehungen und/oder Silhouetten angeht, und kann Business-Looks ebenso wie Weekend-Modelle enthalten. Die vielseitige Zusammenstellung bietet Looks für nahezu alle Anlässe.

Gruppe 6: Frühjahr/Sommer; Abendkleidung oder Glamour
Die letzte Gruppe sorgt mit Abendmode und/oder kreativen Glanzlichtern für den „Wow-Effekt". Bei Farbbeziehungen, Stoffen, saisonalen Details und anderen Elementen hat der Designer freie Hand. Der Zielkunde sollte der gleiche sein wie bisher, damit die Gesamtpräsentation in sich geschlossen ist und die Mappe ausdrucksstark ein ästhetisches Profil verkörpert.

LEKTION 24 PRÄSENTATION DER MAPPE 129

◁ **Cover-Kunst** Auch der Deckel der Mappe darf gestaltet werden: Eine solche Einstimmung auf Ihren kreativen Stil betont den Eindruck der Designarbeiten in der Mappe und macht den Betrachter neugierig.

▽ **Grafische Unterstützung** Eine Hintergrundgrafik sorgt für dynamischen negativen Raum und hält den Blick in Bewegung. Eine gelungene Layoutgestaltung unterstützt das Designkonzept, ohne mit den Modeentwürfen zu konkurrieren.

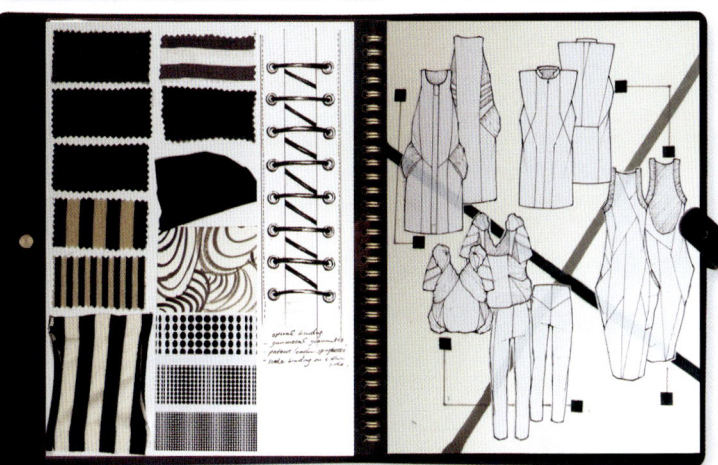

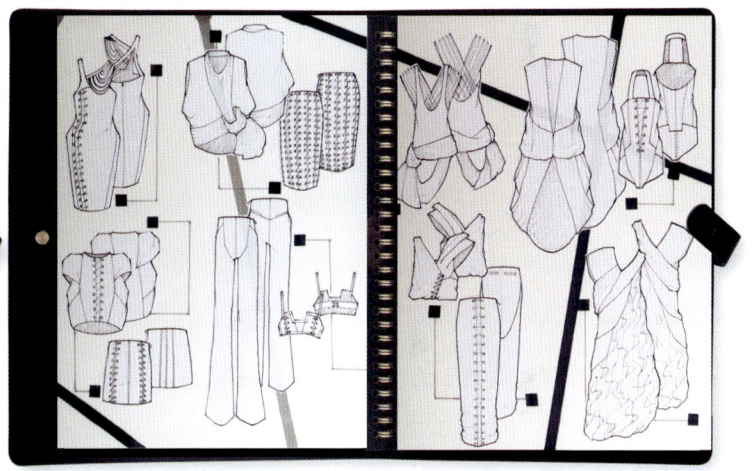

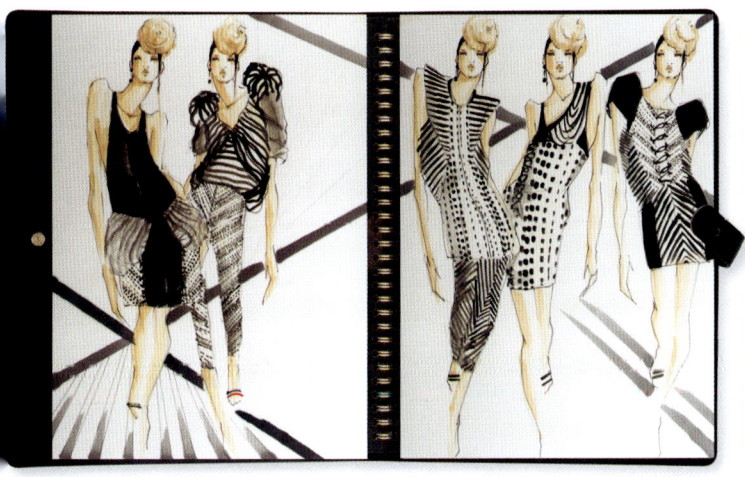

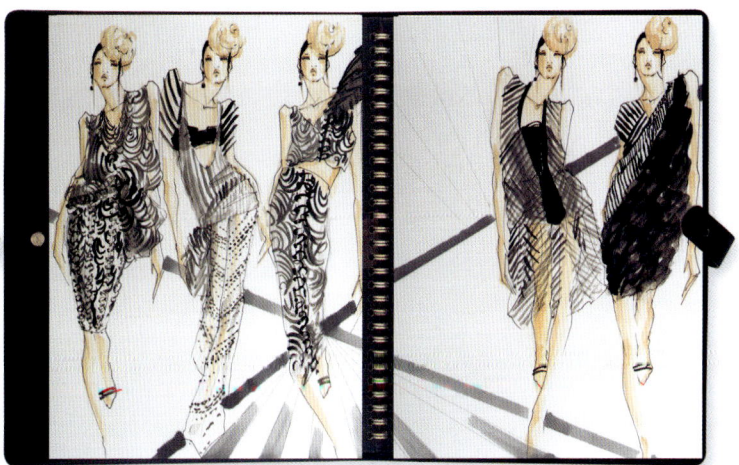

130　KAPITEL 5 DIE BERUFSWELT

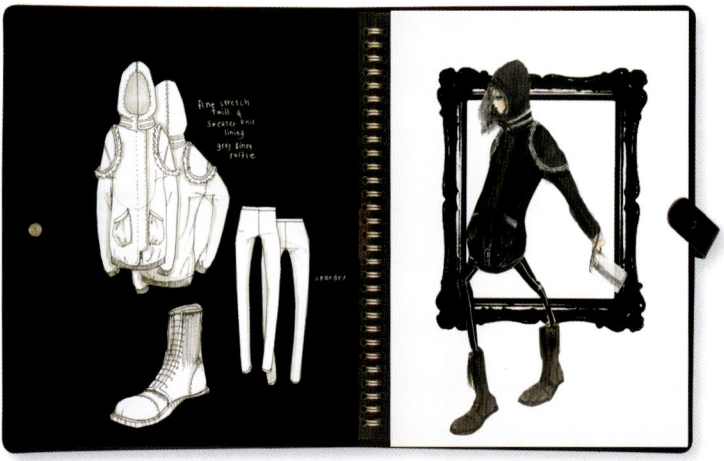

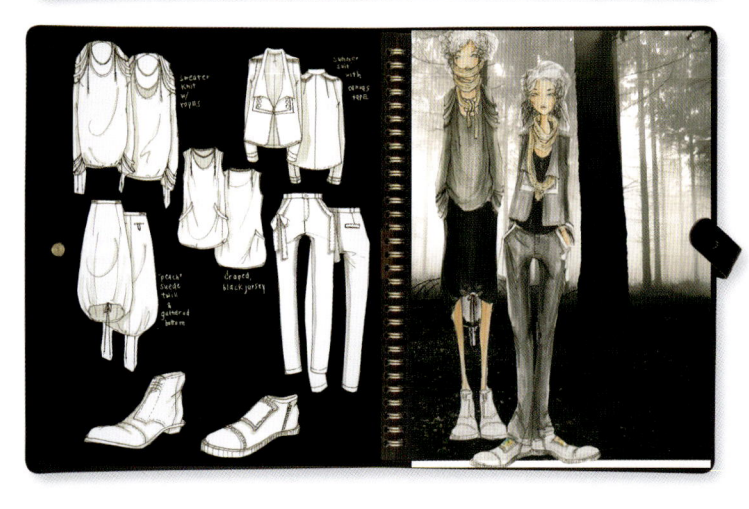

LEKTION 24 PRÄSENTATION DER MAPPE

1 „Das ovale Porträt" Das Wechselspiel zwischen Pop und Militärfarben prägen die Stimmung und Atmosphäre dieser Präsentation. Fotografien von Bilderrahmen aus dem 19. Jahrhundert und Szenen im dunklen Wald kontrastieren mit den klaren grafischen Illustrationen.

2 Agua Alta Die Romantik einer Reise nach Venedig klingt in der kreativen Hintergrundgestaltung an. Die Skizzen, die jeweils einen spezifischen Schauplatz aufleben lassen, ergänzen wirkungsvoll die gut ausgearbeiteten Designentwürfe.

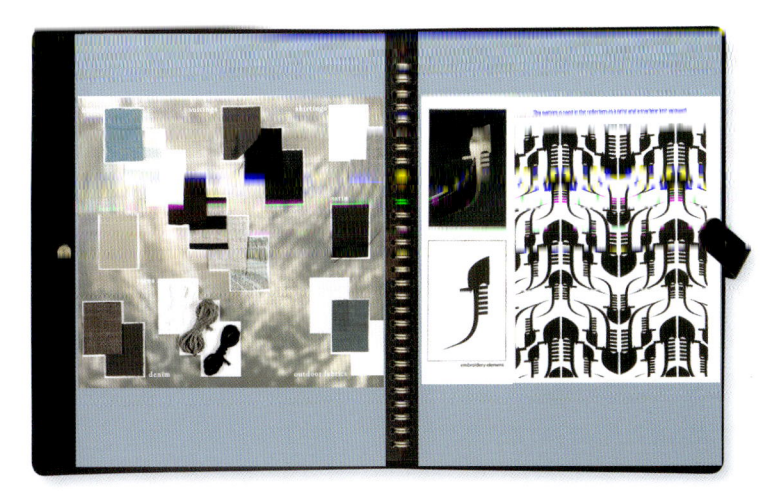

Interview: Studium

Nathalie Doucet
Präsidentin der Arts of Fashion Foundation

Als ehemalige Designerin und Dozentin hat Nathalie Doucet eine fundierte Vorstellung davon, wie die jeweiligen Interessen von Ausbildung und Modeindustrie am besten in Einklang gebracht werden. Sie ist Vorstand einer Stiftung, die sich für die Globalisierung von Modedesign einsetzt. Die Studenten können den Profis ihr kreatives Talent bei alljährlichen Präsentationen und Wettbewerben vorstellen und Vorträge besuchen, zu Themen wie der Zukunft des Modedesigns, zu Unterrichtspraktiken oder zum Urheberrecht für Modedesigner – Nathalie Doucets Lieblingsthema.

△ ▷ **Designmethoden**
Das kritische Denken wird gefördert, wenn vertraute Silhouetten neu überdacht werden. Hier ging es um die verschiedenen Ansätze der Motiventwicklung.

Was macht die Foundation, und in welcher Weise fördert sie die Studenten in ihrer Entwicklung als Designer?

Als ich die Arts of Fashion Foundation (AoF) aufbaute, hatte ich als Dozentin die Erfahrung gemacht, dass Studenten nur wenig Kontakt mit kreativen Leuten und dem kreativen Prozess im Allgemeinen haben. Die Zusammenarbeit mit Profidesignern ist für Studenten enorm wichtig, um erfolgreich arbeiten zu können.

Unsere Wettbewerbe fördern den Austausch von etwa 50 ausgewählten hochkarätigen Studenten mit jungen Profis und Dozenten, die von namhaften Unternehmen und Institutionen aus der ganzen Welt kommen. Für die CarteBlanche-Series werden drei bis vier aufstrebende internationale Designer dazu eingeladen, ihre Arbeiten auf dem Laufsteg zu präsentieren und außerdem fünftägige Seminare zu geben. Vorträge, Seminare und Gespräche zwischen Dozenten und Profis runden das Symposium ab. Behandelt werden Themen aus der Wirtschaft sowie spezifische Bereiche der Modebranche, unter anderem auch die Problematik des Urheberrechtsschutzes und geistigen Eigentums. Die verschiedenen AoF-Aktivitäten bieten Studenten Einblicke in die Arbeit hochrangiger Designer und fördern den Aufbau eines Netzwerks mit anderen motivierten Studenten des Modedesigns weltweit.

Welche Veränderungen in der Modedesign-Ausbildung waren in den letzten fünf oder zehn Jahren besonders bedeutsam?

Moderne Technologie und das Internet haben die Vorstellung und Wahrnehmung von Mode und die Zugangsmöglichkeiten vollkommen verändert. Die Globalisierung hat dazu geführt, dass junge Leute aus der ganzen Welt nun zum Studium in die Vereinigten Staaten kommen. So entsteht ein interessanter kultureller Schmelztiegel, und die kreative Dynamik in den Kursen wird gefördert.

Marketing und Branding haben in der Luxus- und Modeindustrie einiges auf den Kopf gestellt.

Der Einzelhandel lässt die Grenzen zwischen Modedesigner, Produktdesigner und Merchandiser verschwimmen, woraus das Phänomen einer „schnellen Mode" hervorging sowie die eher falsche Vorstellung von einer Demokratisierung der Mode. Marketingleute schlachten ungeniert das vorherrschende Umweltbewusstsein sowie faire Arbeits- und Handelsgesetze aus, um den Verkauf anzukurbeln, ohne dass dies tatsächlich eine positive Auswirkung auf die Problematik hätte.

Im traditionellen Universitätsbetrieb wird nach wie vor ein überholter Ansatz vertreten – Bekleidungsgestaltung statt Modedesign. Lehrkräfte an diesen Schulen haben oft wenig praktische Erfahrung, und es ist schwer, kompetente Dozenten zu finden.

In der Industrie entstehen neue Berufsbilder neben des Modedesignbereich, z. B. im Produktdesign, der Trendforschung und der Pressearbeit. Für private Schulen war diese Erweiterung der Karrieremöglichkeiten sehr lukrativ. Es ist auch einfacher, z. B. in Computer zu investieren und Kurse im Merchandising anzubieten statt im Modedesign, wofür man Dozenten mit umfangreichem Fachwissen sowie kreativen und technischen Fähigkeiten benötigt.

Studenten müssen aufgrund der hohen Ausbildungskosten in den Vereinigten Staaten auch oft Darlehen zurückzahlen, was es ihnen erschwert, ihr eigenes Label zu gründen. Wenn sie schließlich auf dem Arbeitsmarkt ankommen, wird von ihnen verlangt, schnelle Entwürfe zu produzieren und überwiegend am Computer zu arbeiten, was für talentierte Studenten oft sehr enttäuschend ist.

Eine neue Herausforderung, der sich die amerikanische Modeindustrie und die Lehre stellen müssen, wird die Verabschiedung eines Urheberrechtsgesetzes für Modedesign sein. Dieses Gesetz wird Unternehmen zwingen, ihre derzeitigen urheberrechtlichen Standards anzupassen, um Prozesse und negative Werbung zu vermeiden. Das Gesetz soll einen Anreiz geben, zu investieren und mit echten Designern zu arbeiten, statt lediglich auf „Ideenjagd" zu gehen. Es wird jungen Designern Zugang zu kreativen Positionen verschaffen und ihnen Anerkennung für ihre Arbeit verschaffen.

Welche Eigenschaften sind grundlegend, um ein erfolgreicher Designer zu werden? Wie können Studenten diese entwickeln?

- Geduld, Unvoreingenommenheit, Neugier und Experimentierfreudigkeit
- Genauigkeit, Leidenschaft für Mode, eine Vision und eine Strategie
- gute künstlerische Grundlagen und hervorragendes Wissen über zeitgenössische Kunst, Mode, Kultur und Geschichte
- gute Ausdrucksfähigkeit, Medienkompetenz, Kommunikations- und Teamfähigkeit
- Pünktlichkeit

Der Modebereich verlangt eine Vielzahl von Fähigkeiten, Fertigkeiten, Kenntnissen und positiven Eigenschaften. Deshalb sind eine umfassende Ausbildung, Hingabe und eine stetige Einsatzbereitschaft das A und O. Die praktische Ausbildung ist sehr wichtig: Die meisten einflussreichen Designer haben in frühen Jahren irgendwann einmal unter einem Meister gearbeitet. Nichts ist für Studenten wichtiger als der lenkende Einfluss kreativer Profis.

Wie definieren Sie gutes Modedesign?

- Eine perfekte Ausführung aller technischen Aspekte vom Nähen bis zur Ausschmückung.
- Eine neue, nie da gewesene Silhouette, getragen von Kulturbewusstsein, Kunst, Philosophie und Emotion.
- Konzeptuell, aber auch zeitgemäß.
- Es verschönert eine Frau, indem es ihr mehr Stärke, Format und Selbstvertrauen verleiht.
- Es hat einen diskreten, unaufdringlichen Charme, gepaart mit innovativer Ästhetik und Modernität.

▷ **Seminare** Die Grundlagenkurse der AoF konzentrieren sich auf den kreativen und konzeptionellen Designprozess. Wichtig ist der innovative Umgang mit Form, Material und Maßstab, damit die Profis der Zukunft das Modedesign weiterentwickeln.

Interview: Erste Schritte

Lisa Smilor

Stellvertretende Direktorin des Council of Fashion Designers of America (CFDA)

Lisa Smilor, die von der Präsidentin des CFDA, Diane von Fürstenberg, „Godmother of Fashion" genannt wird, ist eine führende Persönlichkeit, was die Förderung der Ausbildung im Modedesign und die Unterstützung von Studenten angeht. Ihre mehrjährige Tätigkeit mit jungen Talenten an der Parsons The New School of Design sowie nun beim CFDA hat ihr gezeigt, wie Ausbildung und Industrie Studenten am besten fördern und anleiten können.

▽ **Ein starker Verband** Der CFDA hat über 350 Mitglieder – führende amerikanische Designer für Womens- und Menswear, Schmuck und Accessoires. Diese Aufnahme von 2008 stammt von der Begrüßungsparty für neue Mitglieder in Elie Taharis Haus.

Beschreiben Sie Ihre Tätigkeit, wie sehr ist sie verbunden mit der Ausbildung und/oder dem Modedesign?

Ich bin mit vielen Funktionen betraut, aber zu meinen Hauptaufgaben zählen die Betreuung und Weiterentwicklung der Ausbildungs- bzw. Stipendienprogramme des CFDA, zu denen unter anderem gehören:

- Das CFDA/Teenvogue Scholarship mit dem Modeunternehmen Target als Partner
- Das CFDA Scholarship Program
- Der Geoffrey Beene Fashion Scholar Award
- Das Liz Claiborne Design Scholarship
- Der CFDA/Vogue Fashion Fund

Diane von Fürstenberg nennt mich ja die „Modepatin", und es gibt wirklich nur wenige angehende Designer, die ich während meiner über 20-jährigen Tätigkeit in der Modeindustrie nicht unterstützt habe. Ich habe die Möglichkeit, Talente zu entdecken und sie zu beraten, während sie noch in der Ausbildung sind. Danach kann ich ihre Entwicklung während der ersten Berufsjahre unterstützend begleiten.

Ich arbeite eng mit den führenden amerikanischen Designakademien und -hochschulen zusammen und habe die Rolle einer Beraterin und Kritikerin. Daneben bin ich auch Mitglied in Jurys und Auswahlgremien für verschiedene Programme, Initiativen und Organisationen im Modedesign.

Wie hat sich die Modeindustrie innerhalb der letzten fünf bis sieben Jahre verändert? Wie wirken sich diese Veränderungen auf die Ausbildung aus?

In den letzten zehn Jahren wurden auffallend viele junge, talentierte (und geschäftstüchtige) Designer bereits zu einem sehr frühen Zeitpunkt von Modepresse, Handel und Finanzinvestoren anerkannt. Die großen Namen wie Ralph Lauren, Marc Jacobs, Donna Karan, Calvin Klein und Michael Kors haben nach wie vor eine starke Präsenz auf dem Markt und auf den Seiten der Modemagazine, doch angehen-

...de Designer haben heute eine viel größere Chance, früh entdeckt zu werden. Deshalb sind die ersten Schritte als Designer heute wichtiger als je zuvor. Noch während der Ausbildung sollten Studenten verschiedene Praktika absolvieren, sich aber auch die Zeit nehmen, sich in Geschäften umzusehen, die Fachpresse zu lesen etc. Zu wissen, was sich verkauft, und die Meinung der Fachleute zu kennen kann nur von Vorteil sein.

Was sind die charakteristischen Merkmale für „gelungenes" Modedesign?

Ein Designer sollte eine Vision haben (und ihr treu bleiben) – d. h. eine Handschrift haben, die sein Design charakterisiert. Gelungenes Design stellt meines Erachtens eine kluge und durchdachte Balance dar zwischen Merkmalen, in denen diese Handschrift wiedererkannt wird, und Elementen, die das Design ausreizen und auf die nächste oder neueste Ebene heben. So wird eine unerwartete, doch perfekte Antwort auf die Frage gegeben, was an Neuigkeiten in der Saison auftauchen wird. Großartiges Design muss den Kunden begeistern.

Welche Veränderungen sind in der Modeindustrie in den kommenden sieben bis zehn Jahren zu erwarten? Wie können Studenten und Berufsanfänger sich darauf einstellen?

Gutes Design wird nach wie vor höchste Priorität haben, aber der Wert des Objekts wird verstärkt ins Blickfeld rücken. Mehr als je zuvor sollte ein Artikel dem Konsumenten das Gefühl vermitteln, ein absolutes Muss zu sein. Die außergewöhnliche Qualität soll den Kauf des Produkts rechtfertigen.

Auch dem Prinzip von Angebot und Nachfrage wird mehr Aufmerksamkeit geschenkt: Der Markt ist übersättigt, und Geschäfte, Designer und Kunden definieren derzeit das Modebusiness neu. Designer müssen sehr scharf beobachten, wie der Einkauf des Handels abläuft, wann und wie ihre Waren im Verkauf präsentiert werden, wann und wie der Konsument einkauft, und außerdem sicherstellen, dass jede Kollektion Teile enthält, die die grundlegenden Bedürfnisse der Saison decken.

Wie gelingt Studenten der Wechsel von der Schulbank in die Berufswelt am besten?

Studenten sollten sich nach Praktika umsehen und/oder nach Stellen, die ihnen Gelegenheit geben, Kontakte zu Webereien, Fertigungsbetrieben, Spediteuren, Redakteuren, Einkäufern zu knüpfen, kurz, zu allen, die ihnen nützlich sein können, sich in den ersten Berufsjahren zurechtzufinden.

Worin ist die heutige Modedesign-Branche besonders erfolgreich? Mit welchen Bereichen sollten sich Studenten, die Industrie oder die Designer verstärkt befassen?

Mode hat ein Eigenleben, genau das macht sie in jeder neuen Saison wieder so aufregend. Was in der Vergangenheit funktionierte oder populär war, hat vielleicht schon keine Berechtigung mehr. Meiner Meinung nach ist einer der Schlüsselfaktoren für den Erfolg der Modeindustrie ihre Fähigkeit, sich zu verändern. Designer, Redakteure und Händler sind heute in der Lage, zu erahnen, welche Bedürfnisse ihre Kunden in der Zukunft haben, und darauf entsprechend zu reagieren.

▷ **Ausgezeichnete Talente** Alljährlich zeichnet der CFDA in einem Festakt Personen aus, die sich um die amerikanische Mode verdient gemacht haben. *Ganz oben:* CFDA-Präsidentin Diane von Fürstenberg, die einst die Modewelt im Sturm mit ihrem Wickelkleid eroberte, erhielt den Lifetime Achievement Award. *Oben:* Ralph Lauren, hier mit seiner Frau Ricky, erhielt 2009 den CFDA Popular Vote Award, für den die Öffentlichkeit online ihren Lieblingsdesigner wählt. *Rechts:* Die Schwestern Kate und Laura Mulleavy von Rodarte (hier mit Schauspielerin Diane Kruger) wurden mit dem Womenswear Designer of the Year Award ausgezeichnet.

Interview: Der Blickwinkel der Industrie

Kat Nadj

Personalchefin der Gucci Group in England

Kat Nadj führt die Bewerbungsgespräche mit potenziellen Kandidaten für die verschiedenen Designteams bei Gucci – einem Konzern, zu dessen Portfolio einige der einflussreichsten Marken der Welt wie Alexander McQueen oder Stella McCartney zählen. Der ständige Kontakt mit außergewöhnlichen Designtalenten hat ihren Blick dafür geschärft, was eine gelungene Mappe ausmacht, wonach führende Modefirmen suchen und wie sich Studenten am besten auf den Arbeitsmarkt vorbereiten.

Erzählen Sie uns etwas über Ihre Position und Ihr Aufgabenfeld und die Berührungspunkte mit der Ausbildung und dem Modedesign.

Ich bin die Personalchefin des Gucci-Konzerns in Großbritannien. Ich bin zuständig für die Rekrutierung neuer Mitarbeiter – von der Verkaufs- bis zur Design- und Führungsebene. Ich lerne viele Designstudenten von den besten Modeakademien der Welt kennen. Wenn eine unserer Marken eine Praktikanten- oder Designassistentenstelle zu besetzen hat, rufe ich bei den Akademien an und gebe die gesuchten Qualifikationen durch (z. B. Stickerei oder Modellschnitt etc.). Dann erhalte ich eine Liste mit Studenten, die dem Profil entsprechen. Aber meist treffe ich Studenten ohne konkrete Absicht, da ich im Hinblick auf zukünftige Entscheidungen immer auf der Suche nach Talenten bin. Ich habe das Glück, dass man mich gebeten hat, bei Modewettbewerben und Abschlussprüfungen Jurymitglied zu werden. Dort lerne ich von kreativen Experten, Modedesign in allen Facetten, ob in theoretischer, konzeptioneller oder kommerzieller Hinsicht, wirklich zu verstehen und zu würdigen. Ich bin immer wieder verblüfft darüber, wie unheimlich talentiert die Studenten sind.

Wodurch zeichnet sich eine gute Mappe aus?

Die enge Zusammenarbeit mit Designateliers und Modeschöpfern hat mich gelehrt, dass der entscheidende Faktor darin liegt, zu erkennen, wie eine Idee in das Design umgesetzt wurde.

Recherchematerial und handgezeichnete Skizzen sind wesentlich. Ich liebe es, zu beobachten, wie aus einer Idee etwas Schönes und Tragbares entsteht. Die Gucci Group verfügt über eines der erfolgreichsten Marken-Portfolios der Welt. Was Gucci von der Konkurrenz unterscheidet, ist die einzigartige Zusammensetzung des Portfolios: So gut sich diese Marken gegenseitig ergänzen, so unterschiedlich sind sie auch, und deshalb decken sie von klassisch bis trendig alle Stilrichtungen ab.

INTERVIEW: DER BLICKWINKEL DER INDUSTRIE **137**

Wie definieren Sie gutes oder gelungenes Modedesign?

Die Definition hängt vom Blickwinkel des Betrachters ab. Von einem rein wirtschaftlichen Standpunkt aus betrachtet, sind die wichtigsten Faktoren ein hohes Volumen und gute Umsatzzahlen.

Ich glaube, dass Modedesign aus der Fähigkeit entsteht, in kreativer Hinsicht so innovativ als möglich zu sein. Ich neige dazu, Leute zu übersehen, die andere kopieren: Zwischen Plagiat und Interpretation einer Inspiration bewegt man sich auf einem recht schmalen Grat. Denken Sie an ältere Genies wie Alaïa oder Gaultier und die jüngeren wie Nicolas Ghesquière oder Alexander McQueen – das sind bzw. waren Meister der Innovation, die unablässig danach streben, sich weiterzuentwickeln und Trends zu setzen, statt ihnen zu folgen.

Welche Veränderungen sind in der Modeindustrie in den kommenden sieben bis zehn Jahren zu erwarten? Wie können sich Studenten und Berufsanfänger darauf einstellen?

Niemand besitzt eine magische Kristallkugel, um das mit Bestimmtheit vorherzusagen. Doch ich denke, dass Studenten den Wandel des Verbraucherverhaltens vor Augen haben müssen. Sie müssen in der Lage sein, auf den Markt zu hören und ihre Kreativität zu lenken, um den Kundenbedürfnissen zu entsprechen. Im digitalen Zeitalter ist die Meinung der Kunden allgegenwärtig, wir können das nicht länger ignorieren.

▷ **Das Genie** Nach seiner Ausbildung in der Savile Row brachte der kürzlich verstorbene Designer Alexander McQueen 1994 seine erste Kollektion heraus und schloss sich 1997 der Gucci Group an. Er wurde dreimal mit dem British Designer of the Year Award geehrt, und seine Mode-, Parfum- und Brillenkollektionen werden weltweit verkauft.

Was erwarten die Industrie und die Kunden heute von der nächsten Generation der Modedesigner?

Die Industrie ist ständig auf der Suche nach dem nächsten Modepionier und dem zukunftsweisenden Design, aber die neuen Ideen müssen auch in der Gegenwart Gültigkeit haben.

Die Konsumenten folgen der Mode, aber heute sind sie wacher und anspruchsvoller als je zuvor. Sie kaufen gern, was die Stars in den Magazinen und Zeitschriften tragen, doch gleichzeitig verlangen sie stets aufs Neue nach Originalität und möchten überrascht und inspiriert werden.

▽ **Stellas Erfolge** Kurz nach dem Abschluss am Central Saint Martins gründete Stella McCartney ihr eigenes Label. Sie kooperierte mit Gucci und entwirft auch Sportkleidung für Adidas. Die engagierte Tierschützerin verwendet weder Fell noch Leder für ihre Kollektionen.

LEKTION 25
Nützliche Dinge

Wie in jedem Beruf ist die Qualität der Arbeitsutensilien die Grundlage für erstklassige Resultate.

Im Designbereich ist hochwertiges Arbeitsmaterial besonders wichtig, denn die Präsentation ist entscheidend, um Ihre Vision und Botschaft erfolgreich der Öffentlichkeit zu kommunizieren. Manche stellen sich mit einem äußerst geradlinigen Portfolio vor, das die Botschaft klar und direkt vermittelt, andere bevorzugen Präsentationen mit einem stärker texturierten, organischen Charakter. Doch am Anfang steht die Auswahl des richtigen Werkzeugs.

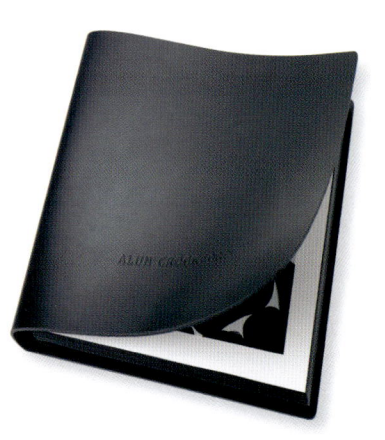

Mappe:
- empfehlenswert sind Ringordnermappen ohne Reißverschluss, in denen Seiten ausgetauscht werden können

Papier:
- Skizzenbuch im Format 28 x 35 cm; das Papier sollte sich sowohl für trockene als auch feuchte Medien eignen
- Block mit Transparentpapier im Format 28 x 35 cm

Sonstiges:
- transparentes Lineal mit Maßeinteilung (45 x 5 cm)
- transparentes Lineal mit Maßeinteilung 30 x 2,5 cm
- Papierschere
- doppelseitiges Klebeband
- normales Klebeband
- Gummilösung oder Klebestift
- Knetradierer
- weißer Kunststoff-Radierer
- Tageslichtlampe für akkurate Farbanpassung

Zeichenutensilien:
- Bleistifte mit unterschiedlichen Härtegraden wie HB, 2B, 2H etc.
- Druckbleistift mit Minen
- Bleistiftspitzer
- feine Faserstifte für technische Zeichnungen

Medien:
- Markerset
- Farbstifte, möglichst Set mit 72 Farben
- weißer Farbstift
- kalt gepresstes Aquarellpapier, im Format der Mappe
- Pinsel in verschiedenen Größen
- Palette mit vielen Vertiefungen

Faserstift

Druckbleistift

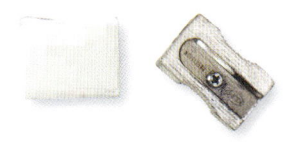

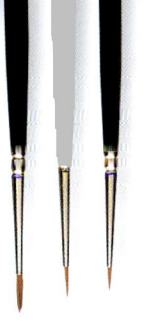

Schneiderkreide
und Kreiderad

Gouachefarben:

Illustrationen müssen Farben und Stoffe akkurat wiedergeben, damit eine effektive Beurteilung der Kollektion während der einzelnen Arbeitsschritte möglich ist. Mit Gouachefarben kann ein Designer Farbtöne exakt abstimmen sowie Texturen und Gewichte von Stoffen besser als mit jedem anderen, kontrastärmeren Medium darstellen. Von durchscheinendem Chiffon bis zu festen Wollstoffen bieten Gouachefarben ein breites Darstellungsspektrum. Sie können auch mit Medien wie Markern oder Farbstiften kombiniert werden.

Gouachefarben

z. B. folgende Töne:

dunkles Krapprot	Türkisblau
Brillantrot	Ultramarinblau
Bengalisch Rosa	Preußischblau
Rotorange	Violett
Neapelgelb	Siena gebrannt
Zitronengelb	Umbra gebrannt
Ockergelb	Van-Dyck-Braun
Permanentgrün	Zinkweiß
Olivgrün	Lampenschwarz

Utensilien für 3-D-Arbeiten

Diese Basisutensilien benötigen Sie normalerweise für die Erstellung eines Erstmodells aus Nesselstoff:

Nesselstoff:
- mittelschwer, ca. 9 Meter

Utensilien zum Maßnehmen:
- Maßband (1,5 m)
- durchsichtiges Plastiklineal mit Millimeterunterteilung
- optional, aber nützlich: Kurvenlineal (für Hüftbogen), Zollstock und Winkellineal

Nähwerkzeuge und Zubehör:
- Stecknadeln
- Spulen für die Industrienähmaschine
- Nähnadeln, unterschiedliche Größen
- Nadelkissen oder Nadelspender
- Kopierrädchen
- Durchschreibepapier in Blau und Weiß
- Kopierrädchen für Schnittmusterkopien
- Schneiderkreide, Kreiderad
- Garnspulen
- weiße, mittelschwere Bügeleinlage
- Reißverschlüsse für Röcke (18 cm)
- nahtverdeckte Reißverschlüsse für Kleider (25–30 cm)

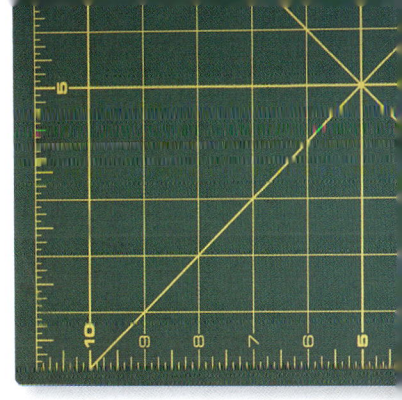

Trennmesser

Schneidewerkzeuge:
- Trennmesser
- Papierschere
- Stoffschere
- Schneideunterlage
- optional, aber nützlich: Fadenschere oder Fadenknipser

Utensilien für Musterschnitt und Drapierung:
- schwarzes Gewebeband für Markierungen an der Schneiderpuppe
- rote und blaue Farbstifte zur Kennzeichnung von Musteränderungen
- Schnittpapier/Rasterpapier
- Reißnägel

Kopierrädchen

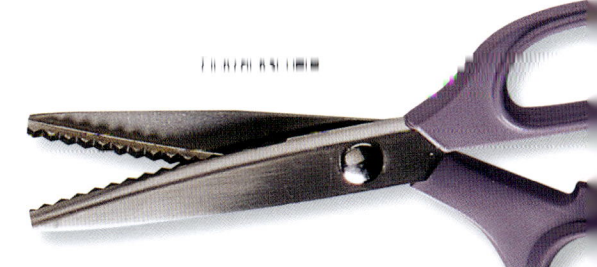

Software

Software kann zahlreiche Bereiche im Designprozess effektiv und effizient unterstützen: z. B. die Gestaltung von Mustern, Druckgrafiken oder technischen Spezifikationszeichnungen für die Fertigung sowie die Erstellung von Konzeptboards für die Präsentation. Hier nur einige gängige Programme, die von Modedesignern genutzt werden.

- **Adobe Photoshop** Ein Rasterprogramm, in erster Linie für folgende Anwendungsbereiche: Bild- und Fotobearbeitung, Erstellung von Kompositionen und Collagen, Konzeptboards, Farbpaletten, Textildesign, Farbkombinationen für Stoffdesign, Streifen- und Karomuster, digitale Spezifikationszeichnungen, gemalte Effekte sowie das Rendern für digitale Illustrationen.

- **Adobe Illustrator** Ein Vektorprogramm, vor allem für folgende Anwendungsbereiche: Entwerfen von Grafiken, Logos, Design mit Textschwerpunkt, Textildesign; Zeichnen und Rendern von illustrierten Spezifikationszeichnungen; digitale Modeillustrationen und Seitenlayout.

- **Lectra U4ia** Ein Designprogramm, das speziell auf das Entwerfen von Farbkombinationen für Textildesign, Rapportmuster, Strickdesign und die Texturdarstellung für Illustrationen ausgerichtet ist.

Internet

Recherchen im Internet eröffnen den Zugang zu vielfältigen Informationen und können ein guter Ausgangspunkt sein, bevor man zu anderen Quellen wie Literatur oder Museen übergeht. Von den Laufstegpräsentationen der Designer über historische Kleidung, globale Trends bis zu Kunstwerken in Museen bieten die unterschiedlichen Websites eine Fülle nützlichen Materials.

www.firstview.com
Eine der besten Websites mit einer fast unendlichen Zahl von Laufstegpräsentationen (die meisten kostenfrei). Außerdem Onlineshop mit Videos von Modeschauen, Büchern und Fotos und einem Kalender mit den kommenden Modeevents.

www.style.com
Die Internetplattform der *Vogue* bietet kostenlos ausgewählte Laufstegkollektionen und Videos von Modeschauen. Weitere Informationen finden sich dort z. B. im Forum oder unter der Rubrik „Trends und Shopping".

www.vintagefashionguild.org
Eine ergiebige Quelle für die Fans von Vintage-Mode, die Informationen zur Modegeschichte, zu Büchern und Zeitschriften und zur zeitlichen Einordnung von Vintage-Mode bietet. Im Blog können Sie sich mit Gleichgesinnten austauschen.

www.hintmag.com
Hier finden Sie Highlights aus Kollektionen, Rezensionen von Modeschauen sowie Neuigkeiten und Events in der gesamten Modebranche.

www.wgsn.com
Die Website bietet eine Fülle an Informationen über die internationale Mode und die wichtigen Trends für die Industrie.

www.wwd.com
Die Women's Wear Daily (WWD) bietet ihren Abonnenten täglich aktuelle und umfassende Berichte aus der internationalen Modeindustrie. Eine der besten Websites, um stets auf dem Laufenden zu bleiben.

www.fashion-era.com
Die Website für Recherchen zur Mode vergangener Zeiten. Sie finden dort umfangreiches Text- und Bildmaterial zu den einzelnen Epochen.

www.fashion.about.com
Die Website bietet Vielseitigkeit: Hier kann man die Blogs zu den Modewochen lesen, die Listen von Hollywoods bestangezogenen Schauspielern überfliegen, Mode einkaufen und Links zu historischer Kleidung finden.

Register

A
A.P.C. 27
Abercrombie & Fitch 24
Abnäher 81
Abstraktionen 33
Accessoires 122–123
Adidas 19, 137
Alaïa, Azzedine 18, 137
Allen, Woody 47
Alpaka 62
Anproben 11
Antwerp Six 20
Alcantara 62
Architektur 41, 98–99
Armani, Giorgio 18, 47, 116
Ärmelabschlüsse 80
Arts of Fashion Foundation 132, 133
Außergewöhnliche Stoffe 71

B
Balenciaga, Cristóbal 15, 16, 116
    Modehaus Balenciaga 21, 45
Bally 122
Banana Republic 23
Basquiat 18
Batist 59
Baumwollpopeline 59
Baumwollsatin 59
Beene, Geoffrey 17, 111
Bengaline 62
Berufsfelder 124, 125
    Bewerbungsgespräch 127
    Lebenslauf 126
    Mappenpräsentation 128–131
Blahnik, Manolo 122
Blass, Bill 17
Blusen 70, 82, 90–91
Bouclé 63
Branquinho, Veronique 21
Bridge-Segment 23
Broderie Anglaise 63
Brokat 62
Burberry 29
Burrows, Stephen 18
Byblos 19

C
Canvas 60
Cardin, Pierre 15, 40, 116
Cashin, Bonnie 16
Castelbajac, Jean-Charles de 17
Cavalry Twill 59
CFDA 134–135
Chalayan, Hussein 21, 22, 45, 94, 114
Chambray 59
Chambre Syndicale de la Haute Couture 22
Chanel, Gabrielle „Coco" 13, 15, 116
    Modehaus Chanel 17, 44
Chaplin, Charlie 47
Charakterstudie 9
Charmeuse 60
Chenille 62
Chiffon 60
Chino 60
Chintz 60
Chloé 19
    Modehaus Chloé 21
Choo, Jimmy 122
CK 24
Clark, Ossie 16, 27
Cloqué 63
Coach 122
Comme des Garçons 19, 21, 22, 26, 53, 94
Contemporary-Segment 24
Cord 59
Costa, Francisco 21, 37
Couture 22
Courrèges, André 16, 40, 116
Crawford, Joan 13
Crêpe de Chine 60
Crêpe Satin 60

D
D&G 24, 29
Dalí, Salvador 13
Damast 62
de la Renta, Oscar 18, 114
Deacon, Giles 64
Demeulemeester, Ann 20
Denim 59
Der Stadtneurotiker 47, 116
Designer 10–11, 14–21
Designersegment 22
Details 30, 112
Devoré 63
Dietrich, Marlene 13
Dior, Christian 13, 15, 72
    Modehaus Dior 20
DKNY 24
Dolce & Gabbana 20, 24, 29
Dolce, Domenico 20
Doucet, Nathalie 132–133
Drapierung, Utensilien 139
Duchesse 61
Doupionseide 61

E
Ein Mann für gewisse Stunden 47
Ellis, Perry 17, 20, 44
Erstmodelle, Entwicklung 11
Ethnische Gewänder 43, 102–103
Eyelet 63

F
Fähigkeiten 8
Farbe 30, 36–37, 48
    Farbe als Inspiration 54
    Farbrhythmus 56
    Farbsymbolik 49
    Farbtheorie 49
    Praktische Erwägungen 55, 57
    Saisonfarben 50–51
    Trendprognose 52, 53
Fasern 58–63
Feldstudien 96–97
Ferretti, Alberta 20
Filme 47
Ford, Tom 20
Form 38–39
Fortuny, Mariano 12, 14
Frottier 63
Frühjahrskollektionen 25, 50
Fürstenberg, Diane von 134, 135

G
Gabardine 59
Gabbana, Stefano 20
Galanos, James 17
Galliano, John 20, 94
Gap 24, 127
Garbo, Greta 13
Gaultier, Jean-Paul 19, 43, 137
Gehämmerter Satin 61
Georgette 60
Gere, Richard 47
Gernreich, Rudi 16
Ghesquière, Nicolas 21, 45, 137
Gigli, Romeo 19
Gingham 63
Givenchy, Hubert de 15
Glenplaid 62
Go International 24
Gouachefarben 139
Graham, Martha 26
Grès, Madame Alix 15, 64
Gucci 20, 21, 122, 136, 137

H
H&M 24, 53
Haan, Cole 122
Hadid, Zaha 36
Hahnentritt 62
Halsausschnitte 81
Halston 17, 27, 62
Haring, Keith 18
Haute Couture 22
Hemden 70, 82, 90–91
Herbstkollektionen 25
Hermès 22
Hernandez, Lazaro 21
Historische Einflüsse 40, 100–101
Hosen 84, 91

I
Ideenentwicklung 10, 76–77
Inspiration 9, 76
    Inspirationssammlung 34–35
    Übung 120–121
Internet 140

J
Jacken 70, 90
Jacken und Mäntel 83, 90
Jacobs, Marc 19, 27, 44, 134
Jacquard 63, 66
Jacquard, Joseph Marie 63
Jagger, Mick 16
James, Charles 15
JCPenney 24
John, Elton 18
Johnson, Philip 41
Jones, Grace 18
Juniorsegment 24

K
Kahlo, Frida 100
Kalkulation 11
Kamali 116
Kamelhaar 60
Karan, Donna 19, 22, 24, 134
Kaschmir 63
Kawakubo, Rei 19, 21, 24, 37, 94
Keaton, Diane 47
Kennedy, Carolyn Bessette 21
Kent, Rockwell 121
Khan, Louis 98
Kinder 24, 70
Klares Design 8
Kleider 85, 91
Kleidung 9
Klein, Anne 15
Klein, Calvin 18, 21, 24, 122, 134
    Modehaus Calvin Klein 21, 37
Kline, Franz 36, 119
Kokosalaki, Sophia 109
Kollektionsentwicklung 11, 74–75, 76–77
Kollektionspräsentation 11, 75
Kollektion zusammenstellen 89, 90–93
Koordination 11
Kors, Michael 20, 134
Kragen 81
Krepp 63
Kruger, Diane 135
Kundenprofile 26–27, 96

Kunsthandwerk 42
Künstlerische Freiheit 32

L
Lacroix, Christian 19
Lagerfeld, Karl 17, 24, 44
Lamé 61
Lang, Helmut 20
Lanvin, Jeanne 14
Lauren, Ralph 19, 40, 122, 127, 134, 135
Lebenslauf 126
Lebensstil, Fragen 26
Leinen 59
Leinwand 60
Linon 59
Louboutin, Christian 122

M
Macy's 24
Mäntel 70, 83
Mappe 138
    Mappenpräsentation 128–131
Marc 27
Margiela, Martin 20, 116
Markenidentität 29
Marktsegmente 22–24
Maschenwaren 64, 71, 91
    Abschlüsse und Bündchen 67
    Zentrale Begriffe 65–66
Matelassé 62
Matisse, Henri 36
McCardell, Claire 13, 15, 116
McCartney, Stella 21, 24, 136, 137
McCullough, Jack 21
McQueen, Alexander 21, 24, 34, 64, 75, 94, 114, 136, 137
Mal- und Zeichenwerkzeug 138, 139
Maßnehmen, Werkzeug 139
Merchandising-Plan 11
Miederähnliche Oberteile 81
Mies van der Rohe, Ludwig 98
Mindmaps 32
Missoni 17, 64
Miyake, Issey 18

Mizrahi, Isaac 20, 24
Mode 9, 116–117
    Geschichte 12–13, 40
Modedesign 8–9, 124
    Architektur 41, 98–99
    Die Arbeit des Modedesigners 10–11
    Ethnische Gewänder 43
    Filme und Popkultur 47
    Historische Mode 40
    Karrieremöglichkeiten 125
    Kunsthandwerk 42
    Natur 46
    Street Fashion 44
    Technologie 45
Mittleres Segment 24
Mohair 62
Moiré 61
Moleskin 62
Monet, Claude 36
Montana, Claude 18, 116
Moodboards 10, 76, 78
    Praktische Erwägungen 79
Morris, Mark 26
Morris, Robert Lee 46
Morrison, Sigerson 122
Motive 36–37, 79
Mugler, Thierry 18, 116
Mulleavy, Kate und Laura 135
Musterschnitt, Utensilien 139

N
Nadj, Kat 136–137
Nähutensilien 139
Natur 46, 108–109
Nesselstoff 139
Newman, Barnett 119
Nicky 61
Niedrigpreissegment 24
Noguchi, Isamu 46
Norell, Norman 15
Nylon 62

O
Organdy 59
Organza 60

Ottoman 61
Owens, Rick 26

P
Pantone 53
Papier 138
Parsons 134
Patou, Jean 14
    Modehaus Patou 19
Peclers 53
Pikee 63
Plissee 63
Poiret, Paul 12, 14
Popkultur 47
Prada, Miuccia 19, 116, 122
Prêt-à-porter 22
Promostyl 53
Pucci, Emilio 15

Q
Qualitätskontrolle 11
Quant, Mary 16

R
Rabanne, Paco 16, 116
Raffia 62
Reagan, Nancy 18
Recherche 10, 30, 76
    Feldforschung 33
    Kulturelles Zentrum 32
    Primäres Recherchematerial 32
    Sekundäres Recherchematerial 32
Reese, Tracy 24
Röcke 84, 91
Rodarte 135
Rodriguez, Narciso 21, 94
Romanow, Anastasia 101
Rykiel, Sonia 16

S
Saint Laurent, Yves 16, 44
Saisons 25, 50–51, 128
Samt 61
    Knautsch- und Pannesamt 63

Sander, Jil 20, 64, 122
Sant'Angelo, Giorgio de 16
Schaffrath, Ludwig 42
Schiaparelli, Elsa 14
Schneidewerkzeuge 139
Schnittdetails 82
Schouler, Proenza 21, 24
Seersucker 63
Segeltuch 60
Seidenjersey 61
Sex and the City 47
Shantung 61
Sharkskin 60
Silhouetten 23, 24, 26, 31, 65, 72–73, 80–85
Sitbon, Martine 19
Skizzenbücher 10, 76, 86
    Gelungene Skizzenbücher 88–89
    Methoden für den Designprozess 87
Smilor, Lisa 134–135
Smith, Patti 20
Smith, Paul 20
Snoeren, Rolf 21
Software 140
Sommerkollektionen 25, 50
Spade, Kate 122
Spezifikationen 11
Sprouse, Stephen 18
Standpunkt 8
Stoffe 10, 58–63, 76
    Entwicklung von Stoffpaletten 68–69
    Stoffmengen 70–71
Street Fashion 44
Strickdrapierung 38
Studio 54 17
Susan ... verzweifelt gesucht 47
Swiss Dot 59
Sybilla 116

T

Taft 61
Tahari, Elie 101
Takada, Kenzo 17
Target 24
Taschen 80
Taylor, Anne 23
Technologien 8
Teen Vogue 27
Textur 38–39
The Limited 24
Toledo, Isabel 94
Tops 82
Treacy, Philip 33
Trend Union 53
Trends 10
Tropical 59
TSE 64
Tüll 61
Turner, Tina 18

U

Übergangskollektionen 25, 50
Übungen 94–95
    Accessoires 122–123
    3-D/2-D 110–111
    Architektur 98–99
    Der Laufsteg 114–115
    Ethnische Bezüge 102–103
    Feldstudien 96–97
    Gegensätze 104–105
    Historische Personen 100–101
    Inspiration 120–121
    Natur 108–109
    Mode im Wandel 116–117
    Polaritäten 118–119
    Rollentausch 106–107
    Von Makro zu Mikro 112–113
Ungaro, Emanuel 17
Utensilien 138–139

V

Valentino 16
Van Noten, Dries 20, 37
Versace, Gianni 18, 40
Vertreter aus der Modebranche
    Doucet, Nathalie 132–133
    Nadi, Kat 136–137
    Smilor, Lisa 134–135
Viktor & Rolf 21
Viktor, Horsting 21
Vikunja 62
Vionnet, Madeleine 14
Vision 8
Vogelauge 62
Vogue 16
Voile 59
Vorfrühling, Kollektionen 25, 50
Vorstellungsgespräch 127
Vreeland, Diana 16
Vuitton, Louis 20, 122

W

Waffelbindung 60
Walkstoff 61
Warhol, Andy 18
Watanabe, Junya 21, 40
Welch, Raquel 18
Werbung 28–29
Westwood, Vivienne 18, 44
Wildseide 61
Winslet, Kate 27
Wollfilz 60
Wollgabardine 59
Wolljersey 61
World Global Style Network 53
Worth, Charles Frederick 12, 14, 22
Wright, Frank Lloyd 46

Y

Yamamoto, Yohji 19, 26

Z

Zeichenmaterialien 138
Zibeline 60
Zierelemente 11
Zwischenkollektionen 25

Danksagung und Bildnachweis

Steven Faerms Dank geht an:

Noel Palomo Lovinski für die Mitwirkung an Recherche und Text.
Elizabeth Morano für die Mitwirkung an der Recherche.
Fiona Dieffenbacher für Informationen zu Maschenwaren.
Emmanuel Laurent für die Fotografie von Nathalie Doucet.
Fiona Struengmann für die Fotografien zu Anna Zwick, Seiten 104–105.
Lizzy Oppenheimer für die Fotografien auf den Seiten 96–97 und 124.
Mike Devito, von dem die meisten Aufnahmen der 2-D-Arbeiten der Studenten sowie sämtliche Aufnahmen der Parsons-Laufstegpräsentationen stamm

Ein Dank an alle Studenten, deren Arbeiten in diesem Buch vorgestellt werden:

Bessie Afnaim, S. 51
Samantha Aprea, S. 71
Maria Castro, S. 54
Ivy Chen, S. 110, 120
Heesung Choi, S. 24, 92
Janne Chung, S. 41
Kristine Constantine, S. 131
Nicole Ferrada, S. 37
Robert Fitzsimmons, S. 23
Brian Franklin, S. 86, 89, 103
Angela Gao, S. 98
Yoon Jeong Gee, S. 50
Sarah Hermez, S. 55
Bora Hong, S. 42, 77
Wyatt Hough, S. 13, 27
Laura Jung, S. 112–113, 121
Elizabeth Kennedy, S. 22
Jiyup Kim, S. 108–109
Kyne Kim, S. 88, 94, 106
Lydia Kim, S. 92–93, 114–115
Min sun Kim, S. 25, 92–93, 94–95
Sylvia Kwan, Cover-Zeichnungen, S. 23, 25, 31, 33, 37, 45, 46, 52, 68–69, 80–85
Sarah Law, S. 44
Bobae Lee, S. 10–11, 64–65, 66, 117
HJ Lee, S. 38–39, 47, 73, 90–91
Nayeon Lee, S. 93
Christine Mayes, S. 35, 74–75, 79, 87
Cullen Meyers, S. 40
Keith Mosbacher, S. 9
Monica Noh, S. 67
Michelle Ochs, Cover
Georgiana Ortiz, S. 4–5, 57
Shawn Reddy, S. 7, 58, 76–77, 96–97, 122, 124
Andrew Rogers, S. 56
Jennifer Rubin, Titel, S. 6, 36, 65
Rachel Rymar, S. 41
Christine Samar, S. 50, 78–79
Wen Shi, S. 73, 86, 93, 118–119
Jigon Son, S. 72–73
Stephanie Suberville, S. 100–101
Brandon Sun, S. 43, 89
Nanae Takata, S. 8, 27, 31, 35, 38, 111, 123, 128
Nanette Thorne, S. 39
Eri Wakiyama, S. 9, 130
Atsuko Yagi, Vorsatz
Stephanie Yang, S. 48
Clara Yoo, S. 10, 55, 107, 123
Sonia Yoon, S. 70
Laura Zukaite, S. 27
Anna Zwick, S. 104–105

Der Verlag dankt den folgenden Agenturen, die freundlicherweise Bildmaterial für dieses Buch zur Verfügung stellten:

u = unten; o = oben; l = links; m = Mitte; r = rechts

Alamy: S. 12ul, 41mr; Corbis: S. 13ol, 15o, 34, 72mo, 98or; Rex Features: S. 10ul, 16, 17, 18, 19, 21, 33u, 40ul, 43mo, 33mu, 45ur, 47zl, 109mo, 137ur&l;
Clear Channel: www.clearchannel.com

Wir möchten auch den Studenten des Londoner College of Fashion für die Abdruckgenehmigung ihrer Arbeiten danken.

Alle übrigen Bilder unterliegen dem Copyright von Quarto Publishing plc. Es wurden sämtliche Anstrengungen unternommen, die Urheberrechtsinhaber vollständig zu nennen. Quarto entschuldigt sich für eventuell fehlende oder fehlerhafte Nennungen und ist gern bereit, für zukünftige Auflagen entsprechende Korrekturen vorzunehmen.